Keysers
Sammler-
bibliothek

bestimmen
bewerten
erhalten

Keysers
Sammler-
bibliothek

Anna Ličková, Junge Liebe. Aus: A. Pohribný u. S. Tkáč, Die naive Kunst in der Tschechoslowakei. Artia-Verlag, Prag

Naive Malerei
Künstler - Werke - Tendenzen

Brigitte und Erich Krug

Keyser

CIP-Kurztitelaufnahme der Deutschen Bibliothek:

Krug-Mann, Brigitte: Naive Malerei: Künstler, Werke, Tendenzen/
Brigitte u. Erich Krug. – München: Keyser, 1980.
(Keysers Sammlerbibliothek)
ISBN 3-87405-128-5
NE: Krug, Erich

Umschlagentwurf: Mendell und Oberer Graphic Design, München
Druck und Bindung: Erhardi Druck GmbH, Regensburg
Printed in Germany

Inhalt

Vorwort

Die Freude am Betrachten naiver Bilder und eine eigene kleine Sammlung, Gespräche mit naiven Malern, Galeristen und Museumsleuten trugen zur Entstehung dieses Buches bei. Es soll vor allem Ausstellungsbesuchern und Sammlern helfen, das weite Gebiet der naiven Malerei in all seiner Vielfältigkeit kennen und beurteilen zu lernen. Wir haben uns bei der Auswahl der Künstler um Ausgewogenheit bemüht, ohne eine Vollständigkeit anstreben zu können und zu wollen. Eine solche Auswahl kann nie objektiv sein; sie wird stets von subjektiver Vorliebe für einzelne Maler beeinflußt. So wird der Leser sicherlich manchen Künstlernamen vermissen, der Kenner wird manche Interpretation mißbilligen und manchen Künstler dem Kreis der authentischen Naiven nicht zuordnen. Die Diskussion, ob ein Künstler zu den ›Authentischen‹ oder zu den ›Artifiziellen‹ gezählt werden soll, ist bis heute ohnehin noch nicht zu Ende geführt worden.

Allen, die am Zustandekommen unseres Buches beratend und helfend beteiligt waren, sagen wir an dieser Stelle herzlichen Dank. Unser Dank gilt auch allen Leihgebern von Fotos und Druckvorlagen, vor allem aber dem Verlag, der unseren Wünschen weitgehend entgegengekommen ist.

Einleitung

Längst hat die naive Malerei in der Kunst unserer Zeit ihren festen Platz, und zwar gleichberechtigt neben der ›professionellen‹ Kunst, die in ihrer anspruchsvollen Intellektualität und ihrer zuweilen auch frustrierenden Richtungslosigkeit oft mehr Verwirrung als Freude stiftet. So wenden sich viele Kunstfreunde und Sammler lieber den heiteren, buntfarbenen, skurrilen oder auch einfältig-wunderlichen Werken der Naiven zu. Sei es, um sich an ihrer lebensstrotzenden Gegenständlichkeit zu erfreuen oder um in die Grenzbereiche zwischen Traumwelt und Wirklichkeit zu flüchten.

Die Stellung der naiven Malerei in der heutigen Kunst

Hans-Friedrich Geist, der sich über Jahrzehnte mit der Kunst der Naiven auseinandergesetzt hat, sieht das so: ›Für Oberflächliche wird die naive Kunst in der Tat nicht mehr als eine Modeerscheinung sein, die man gern als gesellschaftliches Alibi mitmacht. So als ‚modern' ausgewiesen, lassen sich desto selbstsicherer Künstler und Kunstrichtungen ignorieren, deren Theorien, Experimente und Werke über den eigenen geistigen Horizont hinausgehen und die daher als Herausforderung empfunden und abgelehnt werden.‹

Fritz Novotny dagegen, ebenfalls profunder Kenner der naiven Malerei, Sammler und Verfasser eines einschlägigen Werks, fragt sich, ob es richtig ist, überhaupt zwischen professioneller und naiver Kunst zu unterscheiden, verschiedene Maßstäbe anzulegen: ›Mit dem Beiseiteräumen des Sonderstatus für die naive Kunst ergäben sich weiterführende Perspektiven zu einer neuen Einordnung, zu einem tiefergehenden Verständnis für dieses Phänomen der Kunst.‹

Popularität und ihre Gründe

Woher also rührt die ungeheure Popularität, deren sich die naive Malerei heute erfreut? Viele erblicken in ihr den Ausdruck einer Ideologie der heilen Welt. Doch ist es tatsächlich das Anliegen des naiven Malers, seinem Publikum eine heile Welt zu präsentieren? Kommt nicht vielmehr umgekehrt in der Begeisterung des Publikums für diese Malerei die Sehnsucht nach dem Einklang mit jener heilen Welt zum Ausdruck? Einer Welt, die den bedrückenden Alltag mit seiner Menschenfeindlichkeit vergessen läßt?

Immer wieder entzünden sich Diskussionen an der Frage ›Wer läßt sich den Naiven zuordnen? Wer dagegen malt schon nicht mehr naiv?‹ Bei allen Kunstgattungen gibt es Grenzfälle, die sich strengen Kriterien nicht unterordnen lassen. Das gilt in besonderem Maß für die naive Malerei als einem besonders inhomogenen Bereich des Kunstschaffens.

Viele Autoren haben sich aus diesem Grunde um eine differenzierende Klassifikation bemüht.

Kriterien und Zuordnung

Eine grobe Einteilung in ›echte‹ Naive und in Laienmaler, die in naivem Stil malen, schafft zu viele Lücken. Oto Bihalji-Merin, der neben Anatole Jakovsky wohl bekannteste Experte auf dem Gebiet der naiven Malerei, unterscheidet zwischen echter Naivität und Pseudonaivität, zwischen volkstümlicher Bildnerei und rustikalem oder städtischem Amateurismus.

Der urtümlich Naive

Thomas Grochowiak trifft in seiner Publikation über die deutsche naive Kunst eine orientierende Einteilung in vier Gruppen. Er spricht von den urtümlich Naiven, bei denen alles harmoniert: ihre Umwelt, ihre Lebensphilosophie und ihre Malerei. Beispiele dafür sind unter vielen anderen Max Raffler und Carl Christian Thegen. Als zweite Gruppe beschreibt er die intellektuellen Naiven,

Der Intellektuelle

die sich aus Bevölkerungsschichten und Berufsgruppen rekrutieren, die, eingebunden in die hohen Forderungen ihres Berufslebens, dem Alltag und seinem Leistungsdruck entfliehen wollen. Durch ihr einfaches, unkompliziertes Malen entfernen sie sich von unserer kalten, hochtechnisierten Welt und können ihre Umgebung unbefangen sehen und im Bild wiedergeben. Während des Schaffensprozesses sind sie gleichsam im Zustand kindlicher Naivität. Paradebeispiel für den Intellektuellen, der in der Lage ist, diesen befreienden Schritt zu vollziehen, ist der Augenarzt Dr. Rusche, als Künstler bekannt unter dem Pseudonym Paps.

Fremdeinflüsse

Unter die dritte Kategorie fallen Maler, die unbewußt oder mit Absicht Elemente aus anderen Kunstrichtungen in ihre Malerei einbringen. Als Beispiel sei hier das eigenwillige Werk der Maria Kloss angeführt, in dem durch plakativen Farbauftrag und eine ungewöhnliche Bildaufteilung viele Elemente der modernen Grafik übernommen werden.

Besonders kontrovers gestaltet sich die Beurteilung der vierten und letzten

Der ›Akademiker‹

Gruppe, der Maler nämlich, die eine akademische Ausbildung absolviert haben und die naive Stilmittel gezielt einsetzen. Die Bilder sind technisch virtuos gemalt, ihre Zuordnung zur naiven Malerei aber ist umstritten. Der in München lebende György Stefula zählt zu dieser Gruppe.

Authentisch oder artifiziell?

Die einfache Differenzierung – von vielen Autoren benutzt – unterscheidet zwischen authentischen und artifiziellen Naiven.

Als Kriterien für die Entstehung eines großen naiven Bildes, eines ›Sonntagskindes‹ in der Kunst, nennt Thomas Grochowiak an erster Stelle Originalität und bildnerische Phantasie. Dazu kommen die poetische Eindringlichkeit und die Faszination einer transformierten Bildwirklichkeit. Eigene Farben, die Unverwechselbarkeit der persönlichen Handschrift des Künstlers und eine individuelle Gestaltungsform müssen ebenfalls erkennbar sein. Nur so kann, bei einer Einheit all dieser Elemente, ein naives Bild entstehen, das jeder kritischen Analyse standhält.

Bildgestaltung und Farben

Vielfältig sind die Möglichkeiten, sich über die naive Malerei zu informieren. Umfassende Darstellungen über die Naiven in aller Welt finden sich in den Werken von Oto Bihalji-Merin, über die deutschen Naiven bei Thomas Grochowiak, über die tschechoslowakischen bei A. Pohribný und S. Tkáč. Die naive Malerei in Frankreich hat Anatole Jakovsky in verschiedenen Publikationen ausführlich behandelt. Darüber hinaus hat er ein schon mehrfach aufgelegtes Lexikon zu diesem Thema verfaßt: Jeder Biographie ist ein Werk des Künstlers beigegeben, das seine Malweise charakterisieren soll, sowie mehr oder weniger wertende allgemeine Bemerkungen, durch deren Subjektivität die Brauchbarkeit des Werkes allerdings geschmälert wird.

Die vorhandene Literatur

An monographischen Abhandlungen wären noch die beiden Bücher von Lipman zu nennen, die einen guten Überblick über die naive Malerei in den USA geben.

Ein schmales Bändchen von Ehlers, Jasmand und Kallir erzählt von den Sonntagsmalern, die sich dem Umkreis der naiven Malerei zuordnen lassen. Mathias T. Engels stellt in seiner Publikation eine Reihe naiver Maler aus aller Welt vor, die in seinen Augen als die bedeutendsten gelten. Von Uhde stammen fünf bereits als klassisch zu betrachtende Kurzbiographien naiver Meister.

Von der Sonntagsmalerei im allgemeinen und der naiven Malerei im besonderen am Beispiel einer großen Privatsammlung handelt das Buch von Günther Wirth, das die deutschen Naiven einer kritischen Würdigung unterzieht. – Ebenfalls aufbauend auf einer Sammlung, seiner eigenen nämlich, schildert Fritz Novotny Leben und Werk einer Reihe von ausgewählten Naiven aus ganz Europa. – Auch Rüdiger Zuck kam vom Sammeln zum Schreiben, sein liebenswertes Buch befaßt sich unter anderem besonders mit der Marktsituation.

Eine militante Diktion zeichnet das Bändchen von Ida Niggli aus. Sie empört sich über viele in ihren Augen ›unechte‹ Naive, denen sie laienhaft kopierte Plakatmalerei, dilettantisch-beziehungslos nachgeahmten Surrealismus, idyllische Feierabendschizophrenie und kindertümliche Nachvollziehung von Votivmalerei vorwirft.

Für die vertiefte Beschäftigung mit der Materie ist es auch zu empfehlen, möglichst viele Ausstellungskataloge heranzuziehen, schon deshalb, weil sie reichhaltiges Bildmaterial in oft sehr guten Reproduktionen präsentieren.

Ausstellungskataloge

Gelegentlich befassen sich, oft aus Anlaß einer kleineren Ausstellung, auch Tageszeitungen mit diesem Thema. In den meisten kunstgeschichtlichen Darstel-

lungen des 20. Jahrhunderts wird die naive Malerei nur am Rande oder gar nicht erwähnt. Ein gewisser traditioneller Hochmut gegenüber allem, was mit den allgemeinen Kunstkriterien nicht zu erfassen ist, mag dabei im Spiel sein. Vergleichsweise breiten Raum nimmt diese Thematik in Werner Haftmanns ›Malerei im 20. Jahrhundert‹ und Malraux' ›Stimmen der Stille‹ ein.
Eine Übersicht über die wichtigsten Bücher und Kataloge zum Thema naive Malerei findet sich, zusammen mit biographischen Werken über einzelne Künstler, im Anhang des Buches.

Kurzer historischer Überblick

Folk Art in Nordamerika

Die ältesten uns bekannten naiven Bilder entstanden bereits vor dreihundert Jahren in Amerika. Weil sie die Räume ihrer Häuser mit Bildern schmücken wollten, begannen viele Farmer und Handwerker zu malen. Dieser Malerei fehlte jede Tradition und jedes Vorbild. So konnte sich eine absolut eigenständige Kunstrichtung entwickeln, die Folk Art. Diese naiv malenden Autodidakten, die man ›limners‹ nannte, begannen auch, ihre Bilder – puritanisch strenge Porträts, die stolze Selbstsicherheit ausstrahlen und bei denen besonders Gesicht und Hände stark betont sind, Landschaften, Stilleben und Genrebilder – zu verkaufen; der Preis richtete sich nach der Anzahl der Details, die sich der Käufer wünschte. Eine ähnliche Geschichte erzählt man sich auch von Bombois und von der Grandma Moses; bei beiden bestimmten die Flächeninhalte den Preis ihrer Bilder.

Die meisten dieser Porträtisten blieben leider anonym; ihre Werke wurden damals nicht als eigentliche Kunstwerke angesehen. Heute jedoch sind ihre Bilder bei Sammlern und bei Kunsthändlern gleichermaßen begehrt.

Zentren dieser Kunst waren kleine Städte der New-England-Staaten, Pennsylvanias, New Yorks und New Jerseys. Die Fortschritte der Technik, vor allem aber die Erfindung des Fotoapparats, haben der Kunst der naiven amerikanischen Porträtisten ein natürliches Ende gesetzt.

In Europa dagegen gab es bis zum Beginn des 18. Jahrhunderts keine eigentliche naive Malerei. Man kannte jedoch Darstellungen lokaler Ereignisse, Kostüm- und Vedutenzeichnungen, die naiv anmuten.

Kunstausübung und Sozialstatus

Der Maler hatte während des ganzen Mittelalters und noch bis ins 18. Jahrhundert hinein keinen besonders anerkannten Sozialstatus, Laienkunst war noch weniger gefragt. Das sollte sich dann aber in der Biedermeierzeit grundlegend ändern. Mit einemmal gehörte es in bürgerlichen Kreisen zum guten Ton, sich in irgendeiner Kunst zu üben. Die höheren Töchter spielten Klavier und gefielen sich in Gesangsdarbietungen. Man dichtete, und man malte. Die Ausdrucksmöglichkeiten dieser Zeit erschöpften sich aber nicht nur in der Idylle und in romantischen Gefühlen, gleichzeitig begann sich der einzelne intensiver mit seiner Umwelt zu beschäftigen, der Künstler begann sich individuell auszudrücken.

Einfluß der Industrialisierung

Mit der zunehmenden Industrialisierung im ausgehenden 19. Jahrhundert hat sich der Handwerker früherer Zeiten im Berufsleben nunmehr mit der Maschine auseinanderzusetzen. Das führt dazu, daß er sich in seiner Freizeit – und das ist zunächst einmal sonntags – zum Ausgleich eine manuelle Beschäftigung sucht. Damit ist die eigentliche Zeit der Sonntagsmaler angebrochen – und mit der Sonntags- und Freizeitmalerei auch die Zeit der naiven Malerei. Jakovsky berichtet von der 1972 verfaßten Doktorarbeit eines belgischen Studenten, der eindeutig nachgewiesen hat, daß die Anzahl der naiven Maler direkt parallel zur industriellen Expansion verläuft.

Gauguin und die naive Malerei

In diese Zeit fällt auch der Beginn eines neuen Kunstverständnisses. Die Bedeutung allen primitiv-naiven Schaffens wuchs im gleichen Maß, wie sich die ›hohe‹ Kunst vom Naturalistischen entfernte. Und gerade die Vertreter der hohen Kunst und die Intellektuellen waren es, die die naive Malerei in die Öffentlichkeit brachten. Gauguin hat, angeregt durch seine Vorliebe für die primitiven Kulturen der Südsee, zuerst die Schönheiten der indischen, ägyptischen und tahitanischen Plastiken gepriesen, Kirchner und Vlaminck, Picasso und Braque begeisterten sich für die Negerkunst.

Art brut

Auch Jean Dubuffet hat sich in besonderem Maße für ›primitive Laienarbeiten‹ eingesetzt und auch das Interesse für Kinderzeichnungen und das bildnerische Schaffen geistig Kranker geweckt. Er hat aus der Ablehnung der konventionellen ›arts culturelles‹ der akademisch gebildeten Künstler heraus den Gegenbegriff der ›art brut‹ geschaffen.

Anfang und Mitte: Henri Rousseau

Im Mittelpunkt jeder Geschichte der naiven Malerei steht Henri Rousseau. Einige Autoren setzen ihn überhaupt an den Beginn der naiven Malerei und sprechen von der Zeit davor als von einer Epoche, in der nur Volkskunst existierte.

Die klassischen Franzosen

Zeitgenossen oder unmittelbare Nachfolger Rousseaus sind die Franzosen Bauchant, Bombois, Vivin und Séraphine Louis. Mit Rousseau zusammen sind sie als die ›5 primitiven Meister‹ in die Literatur eingegangen. Von ihnen wird noch im Kapitel über die französische naive Malerei zu sprechen sein. Die erste Ausstellung dieser fünf ›Maler des heiligen Herzens‹ fand 1928 in Paris statt.

Wegbereiter: Ausstellungen

Die nächste große Ausstellung in der Geschichte der naiven Malerei war amerikanischen und europäischen Malern gewidmet. Sie wurde 1938 im Museum of Modern Art in New York gezeigt. Während der Zeit des Zweiten Weltkriegs hatte die Kunst und gar die naive Kunst kaum Platz im Denken des Menschen. Nach dem Neubeginn 1945 fanden in Deutschland zunächst kleinere Ausstellungen statt: 1947 in Lübeck, 1948 in Hamburg, 1952 in Dortmund. Der Deutsche Gewerkschaftsbund zeigte 1953 unter dem Motto ›Arbeit – Freizeit –

Muße‹ in Recklinghausen auch die Werke verschiedener naiver Maler. Der große Durchbruch jedoch kam mit der international ausgerichteten Naiven-Schau in Knokke-le-Zoute in Belgien. Hier wurden die französischen Naiven der zweiten Generation, Emile Blondel, Jean Fous und Louis-Auguste Dechelette vorgestellt, eine Anzahl von Werken der amerikanischen Limners, und zum erstenmal auch sah man hier Bauernmaler aus dem jugoslawischen Hlebine. Der unaufhörlich steile Aufstieg der Naiven hatte begonnen. In manchen Ländern zwar traten sie noch recht zögernd ans Tageslicht. So hatte man 1964 in Rom noch mit Mühe zwanzig italienische Naive zu einer Ausstellung zusammengebracht; zehn Jahre später kannte man allein in Italien bereits dreihundert!

Beginn und Durchbruch

Großes Aufsehen erregte auch die 1961 durchgeführte Ausstellung ›Das naive Bild der Welt‹, die in Baden-Baden, Frankfurt und Hannover gezeigt wurde. 1966 fand dann in Bratislava die 1. Triennale der insiten Kunst statt, die mit der Verleihung von Preisen allgemeine Beachtung fand. Leider hat mit der 3. Triennale im Jahr 1972 diese international angesehene Institution aufgehört zu existieren.

Der unaufhaltsame Fortschritt

In den letzten Jahren haben sich in vielen, besonders in verschiedenen osteuropäischen Ländern, Schwerpunkte naiver Malerei bilden können, die sich um einige bedeutende Naive gruppierten.

Schwerpunktbildung

In der Bundesrepublik hat der 1972 von der Zeitschrift ›Stern‹ veranstaltete Malwettbewerb Freizeitmaler aller Altersstufen auf den Plan gerufen: insgesamt 12 000 Bilder wurden eingereicht. Auch die alljährlich stattfindende Ausstellung ›Sonntagsmaler‹, die von der süddeutschen Maschinenfabrik Eisenmann durchgeführt wird, war schon für viele heute berühmte naive Maler der erste Anstoß zu eigener Kreativität.

Der große ›Wettbewerb‹

Vom Wesen der naiven Malerei

Der Begriff der Naivität

Der Begriff und seine Bedeutung

Das Wort naiv stammt aus dem Lateinischen ›nativus‹ und bedeutet angeboren, ursprünglich, natürlich. Im 18. Jahrhundert kam dieser Begriff durch Jean-Jacques Rousseau aus dem Französischen ins Deutsche. Rousseau, der in seinem 1750 erschienenen Hauptwerk ›Abhandlung über die Künste und Wissenschaften‹ den kulturellen Fortschritt als den Menschen negativ beeinflussend charakterisiert und dafür den naturhaften Urzustand als erstrebenswert preist, richtet sich gegen die fragwürdigen Errungenschaften der Zivilisation. Er verlangt nach Naivität als der Inkarnation des Unverdorbenen, Unbefangenen, Ursprünglichen, Natürlichen und Unschuldigen.

J.-J. Rousseau und Kant

Auch für Kant bedeutet Naivität die Wiedererlangung der ursprünglichen, dem Menschen von Natur aus gegebenen Aufrichtigkeit, die durch eine immer mehr überhandnehmende Abkehr von ethischen Werten verlorengegangen ist.

›Naive und sentimentalische Dichtung‹

›Zum Naiven wird erfordert, daß die Natur über die Kunst den Sieg davontrage, es geschehe dies nun wider Wissen und Willen der Person oder mit völligem Bewußtseyn derselben.‹ So Friedrich Schiller in seinem Essay ›Über naive und sentimentalische Dichtung‹. Er hat das Naive als Möglichkeit künstlerischer und geistiger Aussage beschrieben; ein naiver Künstler (in der Welt der Dichtung sind das Aischylos, Homer und Shakespeare) hat Freude an der Natur und an allem Natürlichen. Er kann daher das, was er sieht, in einfachen, unkomplizierten Worten wiedergeben. Allerdings läuft er dabei Gefahr, sich in Banalitäten zu verlieren. Als Gegensatz dazu setzt Schiller das Sentimentalische; der sentimentalische Dichter sieht in der Natur das ersehnte Ideal, das verlorene Paradies, und er schildert sie so, wie sie seiner Meinung nach sein sollte, nicht, wie er sie sieht. Beispiele für sentimentalische Dichtung im Sinne Schillers sind die Werke des Euripides, Horaz und Klopstock.

Man versteht im allgemeinen unter naiv auch heute noch alles Natürliche, Kindliche, Unbefangene, Treuherzige – Interpretationen, die sich alle mehr oder weniger auf das Phänomen der naiven Malerei anwenden lassen. Naive Malerei als etwas Unakademisches steht im Gegensatz zu allem Perfekten und Tradierten und weckt schon aus diesem Grund unser Interesse.

Im Bereich der Malerei wurde der Begriff naiv zum erstenmal vom Freundeskreis um Picasso für die Malweise Rousseaus eingeführt.

Kandinsky und ›Das große Reale‹

Kandinsky hat für das Naive in der darstellenden Kunst den Ausdruck ›Das große Reale‹ geprägt und Rousseau als dessen Repräsentant Robert Delaunay gegenübergestellt, der für Kandinsky ›Das große Abstrakte‹ verkörpert. Es ist bemerkenswert, wie gut es Kandinsky gelingt, trotz seiner eigenen Hinwendung zur abstrakten Malerei und seinen ›Zweifeln an der Dingwelt‹ gerade diese Dingwelt zu durchdringen und sie zum Ausgangspunkt für seine Gedankenführung über den Begriffskomplex des Naiven zu machen. Das Ding wird für ihn zu einem magischen Gegenstand, der den Betrachter zu einer Stellungnahme herausfordert, ihn gedanklich die Schwelle zur sichtbaren Wirklichkeit überschreiten läßt, ihm neue Aspekte künstlerischen Schauens eröffnet und ihn hinabsteigen läßt in den Urgrund der archaischen Kunst, in dem Mensch und Umwelt eine magische Einheit bilden.

Definitionsschwierigkeiten

In dem Begriff naiv klingt aber außerdem noch etwas an, was sich schwer in Worte fassen läßt, ein Hauch von Romantik vielleicht und von Abenteuer. Danach haben wir die Intuition von einem Ganzen, das naiv heißt. Aber wir vermögen es nicht zu erfassen und zu definieren, sondern zählen eine Unmenge von Einzelfakten auf, um den Begriff in seinem Wesen zu erhellen. Es mag uns dabei ähnlich ergehen wie einst dem Kirchenvater Augustinus, der, nach dem Wesen der Zeit befragt, antwortet: ›Wenn mich niemand danach fragt, weiß ich es; will ich es aber einem Fragenden erklären, weiß ich es nicht.‹

So kann jeder Betrachter den Komplex Naivität nur in eigener neuer Erfahrung begreifen.

Schon immer hat man nach neuen adäquaten Begriffen für das als revisionsbedürftig geltende Wort ›naiv‹ gesucht. Doch es ist sehr viel einfacher, zu veranschaulichen, was naive Maler nicht sind, als zu charakterisieren, was das Anderssein ihrer Kunst ausmacht.

Alternative Bezeichnungsweisen

Die als Ersatz für das Wort ›naiv‹ angebotenen Wortschöpfungen scheinen bei näherer Betrachtung nicht befriedigend: Das Wort ›Laienmalerei‹, das oft als Synonym mißbräuchlich verwendet wird, charakterisiert vorwiegend andere autodidaktische Richtungen. Diesem Begriff in etwa adäquat erscheinen die Ausdrücke ›Sonntagsmaler‹ und ›Freizeitmaler‹, die aber beide abwertend und geringschätzig klingen. Wilhelm Uhde hat die von ihm entdeckten Naiven als Sonntagsmaler bezeichnet, weil er sie nur sonntags malen sah.

Uhde und die Sonntagsmaler

›Primitive‹ und ›neoprimitive‹ Malerei wecken Assoziationen zur Eingeborenenkunst. Als primitiv – dieses Wort steht durchaus für Qualität – gilt vieles, angefangen bei den paläolithischen Skulpturen bis hin zu den Totempfählen Alaskas.

›Instinktive‹ schließt ebenfalls zu wenig ein; denn Instinkt im Sinne einer traumhaft-sicheren Auffindung der individuellen Ausdrucksformen ist jedem Künstler immanent.

Die aus dem Französischen übernommenen und leider bis zur Unerträglichkeit traktierten Begriffe ›Maler des heiligen Herzens‹ und ›Volkstümliche Meister der Wirklichkeit‹, die von findigen Kunsthändlern und Journalisten geprägt wurden, entbehren zwar nicht einer gewissen auf die naive Malerei gut anwendbaren Poesie, jedoch besitzen sie keine allzu große Aussagekraft. Der Begriff ›Maler des heiligen Herzens‹ hat jahrzehntelang viel Verwirrung gestiftet. In welchem Sinne wohl ist diese Heiligkeit zu verstehen? Bestimmt nicht im religionsphilosophischen Sinn, sicher nicht in einer wie auch immer gearteten Beziehung zur Religiosität. Sehr viel einleuchtender scheint da die Erklärung, die Rolf Italiaander gefunden hat: Er glaubt zu wissen, daß die ›Maler des heiligen Herzens‹ so genannt wurden, weil sie alle in der Gegend um die Kirche Sacré-Coeur zu Hause waren.

Die Maler des heiligen Herzens

Einem ›Stile concierge‹ wird man nie den Rang von Kunst zubilligen. ›Kunst der Nichtintegrierten‹ dagegen weist schon eher auf die Andersartigkeit dieser Künstler – weniger allerdings auf deren Werk – hin.

›Insite‹ Kunst

Anläßlich der 1. Triennale naiver Kunst 1966 in Bratislava hat man den Begriff ›insite‹ Kunst geprägt, eine Bezeichnungsweise, die viele Elemente der naiven Malerei enthält. Dieser Begriff schließt ein wesentliches Phänomen des naiven Künstlers ein und charakterisiert es treffend: Die Impulse kommen aus einer ganz spezifischen Ebene der Künstlerpersönlichkeit und begrenzen die künstlerischen Ausdrucksmöglichkeiten in ebenso spezifischer Weise. Nur so kann es einigermaßen verständlich werden, daß sich unabhängig von geographischen Gegebenheiten und Möglichkeiten der Kontaktaufnahme eine Richtung entwickeln konnte, die uns als naiv erscheint.

Ein Begriff bleibt

So bleibt abschließend festzustellen, daß sich der Begriff ›naiv‹ augenscheinlich etabliert hat und trotz seiner Unzulänglichkeiten auch in der Zukunft der verbindliche Terminus bleiben wird.

Was ist ein naiver Maler?

Der Naive im Kunstbetrieb

Die naiven Maler streben nicht nach Verwirklichung irgendwelcher künstlerischer Absichten und fühlen sich nicht als Repräsentanten ihrer Zeit. Ihre Malerei steht außerhalb der geistigen Auseinandersetzungen ihrer Epoche. Die naive Kunst hat nie Front gemacht gegen die Moderne; sie ist lediglich ihr lange unterschätzter und wenig beachteter Teil. Und doch hat sie zu jeder Zeit die Vertreter der professionellen Kunst zu einer Stellungnahme herausgefordert: Diese reicht von strikter Ablehnung über bewußtes Tolerieren, vielleicht im Sinne einer mangelnden Aufrichtigkeit, wie sie heutzutage in Verbindung mit der Kunst häufig zu beobachten ist, bis zu enthusiastischer Zustimmung (bei Beckmann, Kandinsky, Klee, Léger, Malewitsch und Morandi). Die Werke der naiven Maler stehen außerhalb aller Richtungen und weichen von allen anerkannten Konventionen ab, ohne dabei den Anspruch auf Rechtmäßigkeit zu verlieren. Ganz im Gegenteil: Denn die Ablehnung akademischer Normen gehört vielfach bereits zum Programm moderner Kunst.

Gibt es eine Theorie der naiven Malerei?

Es wird oft behauptet, die naive Malerei sei eine Kunst ohne Theorie. Das ist ein Postulat, das nicht belegt werden kann. Sicher ist, daß es sich um ein komplexes künstlerisches Phänomen handelt, das zu mannigfaltig ist, in der Form der Darstellung und in seinen Motiven, als daß man einheitliche stilistisch-formale Kriterien zu seiner Bewertung festlegen könnte. Und sicher ist auch, daß nur wenige Kunsthistoriker sich bisher ernsthaft mit ihr befaßt haben. Mit Erklärungen tun sich alle schwer.

Versuch eines Psychogramms

Unbeholfene Weggefährten der großen Kunst nennt Alexander Jackowsky die naiven Maler (bei Anatole Jakovsky sind es ›Arme Verwandte‹), die ratlos wirken angesichts einer reifen akademischen Kunst. Aber sind es nicht gerade diese scheinbare Ratlosigkeit und der kindhafte Charme, die den eigentlichen und individuellen Reiz der naiven Bilder ausmachen, die sie naiv erscheinen lassen?

›Wesen und Charakter der naiven Kunst wachsen in der Seelenlandschaft von Einfalt und Aufrichtigkeit‹ (Bihalji-Merin). Die naive Malerei ist ›die Dialektik zwischen Realitätsnähe und Realitätsferne; aus dieser Spannung entsteht, in dieser Spannung ist naive Malerei‹ (Zuck).

Farb- und Formprobleme

Man hüte sich jedoch davor, anzunehmen, in der gelegentlichen Unbeholfenheit der Darstellung, im detaillierten Erzählen, in der farbenfrohen Buntheit der Bilder erschöpfe sich das Wesen der naiven Kunst. Zwar kennt ein naiver Maler keine Farb- und Formprobleme. Dem echten, rechten Sonntagsmaler – so Ehlers – ist die Kunst nicht eine Sache des Herzens, sondern von Herzen gleichgültig. Doch es zeugt von intellektuellem Hochmut, davon auszugehen, daß der naive Schaffensprozeß notwendigerweise ein Ergebnis bringen muß, das durch und durch unproblematisch Zeugnis von einer heilen Welt ablegt.

Darstellung der heilen Welt

Naive Bilder sind oft von frappierender Ehrlichkeit. Häufig finden sich Gedichte und Kommentare zu den dargestellten Themen auf der Rückseite der Leinwand. Der Künstler glaubt, daß er mit den ihm zur Verfügung stehenden Mitteln nicht deutlich genug ausgedrückt habe, worauf es ihm ankommt. Bei Rousseau sind es sogar manchmal Gedichte wie das zum Bild ›Der Traum‹. Auch der Österreicher Siegfried Kratochwil ziert die Rückseite seiner Leinwände gern mit selbstverfaßten kleinen Gedichten.

Immer wird es für den naiven Maler schwierig sein, die Absicht seiner Darstellung mit seinen Ausdrucksmitteln zu erschöpfen und mit den vielfach auch primitiven handwerklichen Hilfsmitteln auszudrücken.

Die Feststellung Haftmanns, die heutige Malerei stelle einen Dialog des Malers mit seinen Mitteln dar, bei dem ein Pinselstrich den nächsten einfach nach sich ziehen muß, der Umgang mit Pinsel und Farbe beeinflusse die Inspiration des Künstlers wesentlich – das alles trifft auf die naive Malerei nur mit Einschränkungen zu; sie ist eher auch in ihren Meisterwerken das Produkt eines zähen Ringens mit den Mitteln und zugleich ein Produkt unbefangener, kindlicher Freude am Malen unter Nichtbeachtung dieser Mittel, verbunden mit der Fähigkeit, die Welt liebend und verzeihend zu betrachten.

Selbstverständnis der Naiven

Die unmittelbare, elementare Formkraft ist Rückhalt und Urgrund der von Überlieferung und Stil unabhängigen künstlerischen Aussagekraft des naiven Bildes. Je stärker diese Formkraft sich entfaltet, umso authentischer ist das Bild, umso höher sein Wert einzustufen.

Naive Bilder zeigen oft eine gewisse Anorganik der Strukturelemente. Der Gegenstand wird nicht von seinem organischen Aufbau her gesehen oder empfunden, sondern frei ornamental gestaltet. Die Bilder sind gleichsam ›eine idealisierende Verfremdung der Wirklichkeit‹.

Verhältnis zur Umwelt

Da der Naive – und auch der Primitive – seiner Umwelt nicht schildernd und erlebend gegenübertritt, weil er mit ihr durch Instinkt verbunden ist und er somit kein intellektuelles Bewußtsein von ihr hat, widerstrebt ihm das einfache Abmalen der Natur; er gehört ihr selbst an.

Sehr verschieden äußert sich diese Formkraft: Strenge Monumentalität und eigenwillige Linien- und Flächenrhythmik sind kennzeichnende Kriterien vieler bedeutender Werke. Weitere Auffälligkeiten sind die parallele Blickrichtung der Augen bei den dargestellten Personen, die diesen ihr häufig feierlich-starres Aussehen verleiht. Man kann dieses Phänomen sowohl bei den ›Porträtlandschaften‹ Rousseaus wie auch in vielen Bildern der Naiven von heute beobachten. Die Proportionsunterschiede zwischen Mensch und Landschaft sind ebenfalls auffallend in naiven Bildern. Was in der Kunst als Kriterium für die Beurteilung eines Kunstwerks gilt: die Art, wie Figürliches in Beziehung zueinander gebracht wird, wie Formen und Figuren eine Einheit bilden, wie Gegensätze (hell und dunkel, Linien und Flächen, Gegenständliches und Gegenstandsloses) das Bild einheitlich gestalten helfen, das alles findet im naiven Bild keine Beachtung. Wichtiges und Unwichtiges wird häufig in derselben Ebene dargestellt. Die gemalten Figuren werfen meist keine Körperschatten. Die Menschen, oft Masken vergleichbar, sind ohne erkennbare Individualität. Ausgewählte repräsentative Details werden in betonender Vergrößerung wiedergegeben. Leere Stellen gibt es selten; in einen leeren Himmelsraum malt O'Brady Flugmaschinen, die wie gespenstische Vögel das Bild bewachen.

Formprobleme und Proportionalität

Da ihnen das Zeichnen zuweilen Mühe macht, verwenden viele Naive Postkarten, Fotos oder Kalenderbilder als Vorlage. Sie benützen sie aber nicht zur Inspiration, sie dienen lediglich als Gerüst, als Prothese, die ihnen mehr Sicherheit im Zeichnerischen, dadurch mehr Selbstbewußtsein und eine noch größere Freude am Malen verleiht.

Durch all diese Andersartigkeit entsteht für den Beschauer eine originäre Impression, die es ihm erlaubt, die naive Malerei als solche zu erkennen und den einen naiven Maler vom anderen zu unterscheiden. Denn jeder Naive hat seinen ihm eigenen Stil. Und sein erstes Bild zeigt diesen Stil bereits in seiner vollen Ausprägung. Damit wird das erste Bild für den Betrachter zum Maßstab: Ist es im besten Sinne naiv, zeigt es eigenständige Elemente einer individuellen ›Handschrift‹, so darf man mit einiger Sicherheit noch mehr vom Künstler erwarten. Seine Handschrift kann im Laufe der Jahre besonders in technischer Beziehung eine schärfere Ausprägung erfahren, eine eigentliche künstlerische Entwicklung ist beim Naiven jedoch in der Regel nicht festzustellen.

Entwicklungsfähigkeit

Dennoch wäre es natürlich Unsinn zu behaupten: Je weniger Maltechnik ein naives Bild aufweist, desto besser ist es. Und wenn ein Naiver offensichtlich ein besonders feines Gespür für Farbnuancen zeigt, ihm jede Naivität abzusprechen.

Es ist in diesem Zusammenhang interessant, daß es unter den naiven Malern selten Impressionisten gegeben hat oder gibt. Die spezifischen Formen der Dinge sind klar erkennbar, auch wenn es sich um Visionen oder Träume handelt. Jeder Naive will, daß man die Dinge auf seinen Bildern mit Namen nennen kann. Also malt er die Sonne gelb, die Wiese grün, den Schornsteinfeger schwarz.

Darstellung der Realität

Die oft ergreifende Art der Darstellung ist ein vom naiven Künstler unbewußt genutztes Stilmittel. Er geniert sich nicht, sein Gefühl zu zeigen. Bihalji-Merin spricht von ›kindlich-naiven Landschaften der Seele und des Gefühls‹.

Ein für fast alle naiven Gemälde spezifisches Merkmal, das dem Beschauer zuerst auffällt, ist das Fehlen der Perspektiven: der Linear- und Zentralperspektive, wie auch der Farb- und Luftperspektive. Auch die Raumbildung, hervorgerufen durch ausgewogenes Verteilen warmer und kalter Farben und schwerer und leichter Linien, wird vom naiven Maler selten genutzt. Ihm steht die archaische Flachmalerei sehr viel näher.

Perspektiven

Genauso ins Auge springend wie das Fehlen der Perspektiven ist die Nichtbeachtung des anatomisch richtigen Details, die charakteristische Körperlichkeit der dargestellten Menschen und Tiere. Bei der Bewertung naiver Bilder ist diese intuitiv-unvollkommene Darstellungsweise ein wesentlicher Parameter.

Detaildarstellung

Dem Betrachter naiver Bilder werden vor allem auch die Farben bemerkenswert erscheinen. Sie werden meist ungemischt verwendet. Die dadurch entstehende leuchtende Buntheit der Bilder wirkt besonders anziehend und hat zur Beliebtheit dieser Kunstrichtung beigetragen.

Psychologische und soziologische Überlegungen

Das kindliche Bild der Welt

Wir bewegen uns mit dem Beginn der Perzeptionsfähigkeit im Kindesalter in einer präformierten Wirklichkeit. Erst mit zunehmender Einsichtsfähigkeit wird sie durch ein realeres Bild vom Menschen und von der Welt ersetzt. Dieses Realbild kommt – so sieht es Mahlow im Vorwort zum Katalog ›Das naive Bild der Welt‹ – bei einem Teil der Künstler auf naive Weise zustande: Sie glauben einfach an ihre Wahrheit und liefern sie uns, Bestätigung erheischend. Und sie vermögen zuweilen, unabhängig vom Stand des Wissens, zu einer unmittelbar überzeugenden Einsicht in gewisse Zusammenhänge des menschlichen Seins zu verhelfen. Um es mit Wirth zu sagen: ›Die meisten folgen ihrer Natur, indem sie, der Wirklichkeit verschworen, dem Unbewußten Eingang in die Bilder nicht verwehren. Wirklichkeit und Wunsch, Sehen und Träumen, Ernst und Spiel, Gegenwärtiges und Vergangenes überlagern und durchdringen sich. Das alles summiert sich zu individuellen Chiffren erlebter, gesehener und geträumter Wirklichkeit.‹

und das der Naiven

Kunstwerk und Erwartung

Zuweilen stellt sich eine innere Verbindung zwischen Kunstwerk und Betrachter unmittelbar her. Der Betrachter ist sofort eingestimmt, er ›begreift hier Kunst im Rahmen seines Erwartungshorizonts, gleichsam als Bestätigung des herkömmlichen Geschmacks, der sich mit dem eigenen zwanglos zu verbinden trachtet‹ (Wirth).

Viele naive Maler wohnen abseits der großen Städte auf dem Land. Fast möchte man annehmen, daß schon dadurch eine gewisse Gewähr für etwas Eigenständiges gegeben ist. Denn der städtische Kunstbetrieb beeinflußt den naiven Künstler nicht. Und wo es keine Vergleichsmöglichkeiten gibt, da können auch keine Nachahmungen entstehen.

Weltfremdheit und Einfalt

Immer wieder kursieren sentimentale Geschichten über die Weltfremdheit und kindliche Einfalt naiver Maler. Doch bei näherer Betrachtung ist so manche dieser Erzählungen von der Wahrheit weit entfernt. Wenn Uhde noch sagen konnte, daß diese Künstler die Gabe besitzen, aus der äußeren Armut einen inneren Reichtum zu schaffen, so trifft dieser Satz auf die Lebensbedingungen der heutigen Naiven in den wenigsten Fällen noch zu. Sie stammen aus allen Bevölkerungsschichten; die meisten allerdings sind eher dem kleinbürgerlichen Milieu zuzuordnen. Doch der weltfremde Sonderling, der nur seiner Malerei lebt und bei dem Hunger und Armut zu Hause sind, gehört mit Sicherheit der Vergangenheit an. Die Verschiedenartigkeit ihrer Lebensbereiche und der Landschaften, aus denen sie stammen, tragen zur Individualität ihrer Malerei wesentlich bei.

Integration in denKunstmarkt

Soweit die Naiven von heute Rang und Namen haben, sind sie wie andere Künstler auch in den Kunstmarkt integriert. Der Preis ihrer Bilder, den sie oft sehr wohl real einschätzen, wird dann von Angebot und Nachfrage bestimmt.

Sie antichambrieren bei Galeristen, Mäzenen und bei den Kommunikationsmedien wie auch umgekehrt. Manche versuchen, in der Werbebranche eine materiell tragfähige Basis zu finden, darin aber liegt die große Gefahr: Sobald wirtschaftliche Überlegungen der Kreativität überwuchern, gerät der Naive in die Verführung, dem Tagesgeschmack zu folgen. Diese Synthese zwischen naiver Unschuld und Berechnung führt leicht zur ›Produktion einer im Volkston gehaltenen Malerei‹.

Psychische Struktur und Persönlichkeit

Grochowiak beschreibt die Naiven als in sich ausgeglichene, versonnene Individuen von stillem Optimismus und Vertrauen, für die eine gewisse Isolierung Voraussetzung für ihr künstlerisches Schaffen ist. Dagegen hat Zuck die Beobachtung gemacht, daß manche Naive, besonders im süddeutschen Raum, sehr wohl Kontakt untereinander pflegen. Sie vergleichen ihre Maltechnik und schätzen einander sorgfältig ein. In manchen Fällen wird es deutlich, daß sie sich gegenseitig beeinflussen, ohne daß es allerdings zu merkantil orientierten Zusammenschlüssen kommen würde. Ausnahmen bilden jedoch die jugoslawischen Malschulen, Hlebine vor allem und auch Uzdin.

Bildung von Kollektiven

Künstlergruppen aber, wie sie zum Beispiel aus der Kunstgeschichte bekannt sind, etwa die ›Maler der Brücke ‹ oder ›Der blaue Reiter‹, Gruppen, deren Mitglieder revolutionär oder elitär motiviert sind und gegen Dogmen und Traditionen ankämpfen, kennt die naive Malerei nicht. Denn die naiven Maler haben keine Kunstrichtung intendiert; lediglich ihr Schaffen hat sich in der Zusammenschau zu einer deutlich umschreibbaren Richtung formiert. Wenn diskutiert und theoretisiert wird, dann nicht von den Naiven selbst, sondern vom Publikum.

Unabhängigkeit von Stilrichtungen

Da der echte naive Maler jedoch nicht primär für ein Publikum oder für den Kunsthandel seine Bilder malt, ist er an keine der zur Zeit vorherrschenden Stilrichtungen gebunden, er ist unabhängig in seiner künstlerischen Aussagemöglichkeit. Wird er jedoch vom Kunsthandel entdeckt, besteht die Gefahr, daß seine Bilder ihre naive Ursprünglichkeit verlieren, daß er beginnt, so zu malen, wie es am besten ankommt; viele Beispiele haben diese Tatsache belegt. Bei einigen Naiven läßt sich sogar anhand der Bilder genau der Zeitpunkt bestimmen, zu dem ein Kunsthändler sich ihrer annahm.

Die Mäzene und das Problem der Protektion

An dieser Stelle sollte man generell überdenken, welche Bedeutung Protektion, Manipulation und günstige äußere Bedingungen für den Erfolg eines Künstlers gewinnen können. Als Beispiel für die Naiven mag Séraphine Louis genannt werden, die als Putzfrau in Senlis von dem Kunsthändler Uhde entdeckt und protegiert wurde. Ohne Uhdes Eingreifen wäre die schizophrene Séraphine mit Sicherheit im Sanatorium verdämmert, und ihre Bilder wären uns wahrscheinlich nicht erhalten geblieben.

Es besteht eine ganze Reihe von Unterschieden zwischen dem professionellen und dem naiven Künstler. Diese Unterschiede sind primär vom Soziologischen

Gesellschaft und Auftrag

her gegeben: Der professionelle Künstler hat als Mittler zur Gesellschaft einen Auftrag zu erfüllen. Er kann rein ästhetischer, aber auch politischer, sozialer, ökonomischer, technischer, pädagogischer oder religiöser Art sein. Mit seinem Namen und seinem Werk steht er im öffentlichen Leben, ringt um Anerkennung und materielle Sicherheit. Diese soziologische Bedingtheit im Sinne eines gesellschaftlichen Auftrags entfällt beim naiven Maler völlig. Als nichtprofessioneller Künstler malt er nur in der für ihn verfügbaren Zeit. Manche naiven Maler haben erst im Alter angefangen zu malen, dann nämlich, wenn sie das Berufsleben mit einem Rentnerdasein vertauschen konnten.

Der innere Antrieb

Für viele auch erfüllt das Malen einen psychologischen, für manche einen therapeutischen Zweck. Es vermag von Existenz- und Lebensangst zu befreien. Der Vorgang des Sehens, Empfindens und Wiedergebens auf der Leinwand vollzieht sich in der Harmonie des mit sich selbst im Einklang Stehenden. Das Malen vermittelt ein Gefühl des Glücks und läßt den Künstler einer elementar erfühlten Geborgenheit teilhaftig werden. Daraus entwickelt sich in manchen naiven Bildern ›eine Wärme, die auf den Betrachter übergreift, ihm Lebensmöglichkeiten aufzeigt, die er in der Turbulenz der Zeit und ihrem Leistungsanspruch verdrängt hat‹ (Wirth). In diesem Phänomen ist nach dem gleichen Autor die Botschaft der Naiven zu erkennen. Sie übermalen gleichsam die Realität mit den ›lebensvollen Werten einer Helligkeit‹.

Spontaneität

Alle Naiven haben eins gemeinsam: die plötzliche Entdeckung eines bislang verdeckten Ausdrucksdrangs und den Ausbruch einer spontanen Malfreude. Und darum wird ihnen selten ihr Tun zum Problem. Das Glück des Entdekkens ist stärker als die Reflexion über das Entdeckte.

Die Naiven suchen nicht die Meisterschaft der Vollendung, sie leben im Zustand der Unbefangenheit und der kindlichen Freude am Erfinden. Für sie ist die gemalte Welt so wirklich wie das Leben. Umgekehrt aber vermeiden es die meisten, das Leben ins Bild zu setzen. Die tägliche Arbeit, Einsamkeit und Krankheit, unerfreuliche Dinge sind selten Thema eines naiven Bildes.

Wirklichkeit und Entrückung

Der naive Maler weiß genau, wie sein Bild aussehen muß, damit es ›richtig‹ wird. Unversehens geraten ihm dann auch Abweichungen vom gemalten Gegenstand ins Bild, unbewußt zumeist, weil er etwas ihm wichtig Erscheinendes besonders betonen will. Diese Abweichungen sind es oft, die jene liebenswerten Verfremdungen auf naiven Bildern entstehen lassen, die – wie Grochowiak schreibt – ›jene merkwürdige, rätselhafte Atmosphäre zwischen handfester Wirklichkeit und magischer Entrückung erzeugt und unaufdringlich einladend den Betrachter zu kontemplativem Verweilen verführt. Durch die Lauterkeit seiner Darstellungsabsicht wird die Wahrhaftigkeit, die Natürlichkeit der Formen in dem Werk des naiven Künstlers legitimiert, und wenn er darauf schwört, seine Darstellung sei naturgetreu, dann ist sie in der Tat ›seiner Natur getreu‹.

Naive Malerei und Dilettantismus

Das naive Bild der Welt

Der naive Maler ist immer Dilettant; er hat kein intellektuelles Bewußtsein von seiner künstlerischen Tätigkeit und steht außerhalb künstlerischer Tradition und Schulung. Er ist daher außerstande, seine Visionen, diese zwischen Traum und Wirklichkeit angesiedelten Produkte seiner Phantasie, nach den allgemein geltenden Regeln der Kunst zu reproduzieren. Er selbst gehört der Natur noch an, er vermag sich wie ein Kind in liebenswerte Kleinigkeiten zu verlieren und sie auf seine unkomplizierte Weise wiederzugeben. Immer wieder wird er sie für sich selber neu erschaffen. Und da er ständig auf der Suche nach dem Gleichgewicht zwischen bildlicher Darstellung und optischer Wahrheit ist, es jedoch nie findet, bietet er dafür eine naive Version dessen an, was er entdeckt hat. Das geschieht in sehr selbstsicherer Manier, die sich oft sogar bis zur Selbstüberschätzung steigert.

Originalität der Bildkonzeption

Was den naiven Maler jedoch von all den vielen Sonntags- und Freizeitmalern, die ja ebenfalls Dilettanten sind, unterscheidet, sind seine absolute Originalität, die niemals ins Banale abgleitet, und sein Bemühen, etwas Eigenes zu schaffen, ohne technische Raffinesse, ohne die herrschende Kunstmode zu beachten und ohne klassischen Vorbildern nachzueifern. Denn es ist bei ihm die Freude am Malen schlechthin als einem Mittel, sein Leben heiterer zu gestalten. In seinen spontan gemalten Bildern spiegelt sich seine Wirklichkeit, die ihn als eigenständige künstlerische Persönlichkeit ausweist. Er geht, wenn er ein Bild konzipiert, nicht nur von seiner thematischen Vorstellung aus, oft spielt auch eine fast ans Magische grenzende Überzeugung mit, daß etwas Gemaltes zu Wirklichkeit und Erfüllung werden kann. So steht der Naive ohne Mißtrauen in unmittelbarem Kontakt mit der sichtbaren Welt; er glaubt, was er sieht, und findet das schön, wahr und richtig. Er bringt die Objekte in seinen Bildern in Übereinstimmung mit seiner eigenen Vorstellung, die er von den Dingen hat. Dabei benötigt er weder Anschauungsunterricht im Museum noch Zeichenkurse in der Volkshochschule. Denn die Maltechnik rangiert bei ihm stets an letzter Stelle. Schon seinen Versuch zu malen, ohne es je gelernt zu haben, kann man als eine Art Naivität werten. Wenn dieser Versuch dann gelingt, ist er zufrieden, und Stil und Technik kümmern ihn nicht.

Stil und Technik

Der naive Maler arbeitet in viel stärkerem Maße reflektierend als ein professioneller Künstler. Und so können Bilder entstehen, wie wir sie in der modernen Kunst von heute vergeblich suchen: ›Dinge aus Schönheit und Gewißheit – einfach, still und schön‹ (Haftmann), oder wie Gauguin die Malerei versteht, die ›wie die Musik auf dem Umweg über die Sinne auf die Seele wirkt, deren harmonische Farbtöne den Harmonien der Klänge entsprechen‹.

Der Begriff Dilettantismus hat im heutigen Sprachgebrauch einen eher abwertenden Klang, ist aber dort von Vorteil, wo es um emotional besetztes Tun geht. Dann nämlich bedeutet Dilettantismus nicht mehr Stümperhaftigkeit und spielerisches Tändeln aus Langeweile.

Goethe schreibt 1799 ›Über den Dilettantismus‹: ›Der Dilettantismus ist unschuldiger, ja er wirkt allein schon bildend in solchen Künsten, wo das Subjektive für sich viel bedeutet. Der Mensch erfährt und genießt nicht, ohne zugleich produktiv zu werden. Dies ist die innerste Eigenschaft der menschlichen Natur. Ja, man kann ohne Übertreibung sagen, es sei die menschliche Natur selbst... Weil der Dilettant die produktive Kraft beschäftigt, so kultiviert er etwas Wichtiges am Menschen.‹

Unschuld und Dilettantismus

Und Theodor Heuss, selbst begeisterter Laienmaler, meint zu seinen Bildern: ›Das Vergnügliche, das Delectierende, das ‚Dilettantische' an der Sache ist, daß für mich diese meine Bilder immer schön sind, denn ich weiß ja, wie es eigentlich aussah... Ich allein – das ist der heimliche Sonderbesitz des Dilettanten. Denn der eigentliche Künstler muß damit zu Leuten gehen, sein Vergnügen ist sein Beruf geworden, mit Konkurrenz! Von diesen Sorgen bin ich gänzlich frei. Ich delectiere mich. Ich dilettiere.‹

Die Motive

Wie der naive Maler malt und warum er malt, wie die originelle Ausstrahlung seiner Bilder zustande kommt, wurde in den vorangehenden Kapiteln erläutert. Die dritte, wichtige Frage in diesem Zusammenhang ist die Frage nach den bevorzugten Motiven. Die wahrhaft naive Frage ›Was stellt das Bild dar?‹, die bei moderner Kunst kaum denkbar wäre, ist bei der naiven Malerei erlaubt. Der Schöpfer eines naiven Werks möchte, daß der Beschauer über das Bild und seinen Inhalt so genau Bescheid weiß wie er selbst.

Eigentlich gab es nichts, was die naive Malerei nicht mit den ihr zu Gebote stehenden Mitteln darzustellen versucht hätte. Dennoch läßt sich eine Vorliebe für bestimmte Motive erkennen, die immer wieder aufgegriffen werden.

Bevorzugte Motive

Die Szenen aus dem täglichen Leben nehmen wohl unter den bevorzugten Themen den breitesten Raum ein. Idealisierte Motive aus dem Alltag mit seinen kleinen Freuden, Reminiszenzen aus der Jugend, Aufmärsche, Paraden mit farbenfrohen Uniformen, Volksfeste mit Musikkapellen, Geburtstage, Hochzeiten... Da viele Naive in ihren Bildern nur von den schönen Dingen des Lebens erzählen, besteht in gewisser Weise die Gefahr, daß sie, gewollt oder ungewollt, sentimentale Bilder von einer heilen Welt produzieren, die auch das Publikum bevorzugt. Doch wer mag von Sentimentalität sprechen, wenn man jedem einzelnen Bild die Liebe ansieht, mit der es gemalt wurde, wenn manche Bilder gleichsam menschliches Glück ausstrahlen? Wenn Trotin seine Heimatstadt Paris mit allen Details ausschmückt, die ihm ans Herz gewachsen sind:

den Bouquinisten am Ufer der Seine, Notre-Dame, Sacré-Coeur mit all ihren weißen Türmchen, den vielen Treppen und baumbestandenen Plätzen der Stadt. Wenn die jugoslawischen Bauernmaler oder die Tschechin Ludmila Procházková vom Alltagsleben auf dem Land berichten, von der Ernte, von der Feldarbeit, von den Tätigkeiten in Haus und Hof – immer haben die Bilder etwas Rührendes, das den Beschauer für sie einnimmt. Auch der Deutsche Carl Christian Thegen fand die Motive für seine Bilder hauptsächlich in seinem bäuerlichen Umkreis. Dafür hatte er ein altes Schulheft, als ›Musterbuch‹, aus dem Interessenten das gewünschte Motiv auswählen konnten.

Auch Dinge, die das tägliche Leben aus dem Gleichgewicht bringen oder angenehm unterbrechen, werden oft im Bild festgehalten: Feuersbrünste und Gewitter, Mordtaten, Beerdigungen, der Einzug eines Zirkus, der Jahrmarktrummel.

Die Behandlung des Sujets

Der naive Maler verniedlicht in aller Regel die Realität von heute. In seiner gemalten Stadt prägt nicht die Technik das Bild, es gibt kaum Ampeln und Autos. Die Zerstörung der Natur erscheint in seinen Bildern nicht, die Bedrohung der Welt durch ein maßloses Wettrüsten verkleinert sich auf Spielzeugsoldaten und Panzerkolonnen, die sich durch ein Sportereignis aufhalten lassen. Doch sind auch Ausnahmen von dieser Regel bekannt: Kriegsszenen (eins der eindrucksvollsten Bilder des Jugoslawen Brasić stellt den Kampf der Serben gegen die Türken dar) mit exakt nachgezeichneten Uniformen (bei Metelli und Rousseau, in neuerer Zeit auch bei Wittlich).

Weitere beliebte Motive sind Bilder aus der biblischen Geschichte (von Hicks, Trillhaase, Shalom von Safed, Vivian Ellis), Szenen aus Antike und aus Mythologie (von Bauchant, Ociepka, Ilija).

Diese Historienmalereien, in denen sich das Verlangen nach Romantik, Abenteuer und ungewöhnlichen Erlebnissen ausdrückt, wirken in ihren peinlich genauen Darstellungen dokumentarisch. Und während in der professionellen Kunst die große Historienmalerei der Vergangenheit angehört, so feiert sie in der naiven Kunst fröhliche Urständ.

Träume und Erinnerungen

Romantische Erinnerungen an eine glückliche Kindheit sind die Themen vieler Bilder. Am bekanntesten sind wohl die Kindheitserinnerungen der Grandma Moses. Über den liebevoll ausgemalten Details dieser Bilder liegt sonntägliche Stille und poetische Verklärtheit. All diese idyllischen Erinnerungen sind in hellen, leuchtenden Farben gemalt. Wie buntes Kinderspielzeug stehen die Dinge im Raum. Die Präzision ist auch hier den Naiven ein Mittel zur Erzielung einer nach ihrem Dafürhalten vollendeten Schönheit. Eine reine und ergreifende Welt entsteht vor dem Beschauer, an die der Maler glaubt, indem er sie malt.

Landschaft und Architektur

Fast nüchtern dagegen muten die Landschafts-, Architektur- und Städtebilder an. Präzise setzt Vivin Stein auf Stein und Ziegel an Ziegel. Velasquez malt das

Dörfchen, dem er als Bürgermeister vorsteht und dessen Bewohnern er gleichzeitig als Friseur dient, San Antonio de Oriente, in vielen Abwandlungen. Der Holländer Houtman gibt im Bild eine exakte Beschreibung des Gartens im Altersheim, in dem er lebt. Nikifor und Feješ malen Landschaften und Städteansichten nach ihren Vorstellungen und nach Postkarten; denn kaum einmal hat einer von ihnen seine Heimatstadt verlassen.

Phantasie und Illusion

Einen eigenartigen Reiz üben alle Phantasie- und Traumbilder aus: zart wie romantische Liebesgedichte die einen, von oft grausamer Phantasie die anderen. Da ist Séraphine Louis, die in ihrer Freizeit leuchtend bunte Blütenarrangements zaubert. Oder Ivan Rabuzin, dessen Bilder überdimensionale Blumen beherrschen, auf deren Blütenblättern sich kleine Dörfer im Sommerwind schaukeln. Und Henri Rousseau, dessen exotische Urwaldbilder immer wieder aufs neue beeindrucken. Da sind aber auch Friedrich Schröder-Sonnenstern, Hector Hyppolite, Morris Hirshfield, Aristide Caillaud, naive Maler der verschiedensten Kulturkreise, die eines gemeinsam haben: erschreckende Visionen und Träume, die sich oft in unheimlichen Bildern niederschlagen. Seltsame Verstrickungen des menschlichen Geistes werden hier bildhaft. Reste uralten Volksglaubens, an Magie grenzende Vorstellungen und mythisches Bewußtsein finden hier ihren Ausdruck.

Jedes einzelne Bild wird geprägt von den Erfahrungen, Erlebnissen und Überzeugungen seines Schöpfers. Und doch läßt sich bei den naiven Malern der einzelnen Länder eine Vorliebe für bestimmte Motive, für eine bestimmte Art des Malens überhaupt häufig erkennen.

In der amerikanischen Malerei beobachtet man am wenigsten Phantasie- und Traumbilder. Dem praktischen Sinn des Pioniergeistes entspricht eher eine sachliche, nüchterne Porträtierkunst. Auch die Darstellung von Landschaften wird bevorzugt. Bemerkenswert ist es überhaupt, daß für viele amerikanische Naive Abraham Lincoln als das große Idol gilt, das jeder einmal zu porträtieren versucht. Am bekanntesten ist das Lincoln-Bild Kanes.

Einen starken Gegensatz dazu bilden die naiven Bilder aus der Tschechoslowakei. Hier ist ein leichtes, lyrisches Moment vorherrschend. Und da die Volkskunst in der Tschechoslowakei eine weit größere Bedeutung hat als anderswo, tragen viele naive Bilder volkskunsthafte Züge. Daneben wird aber auch eine oft tiefe Religiosität spürbar, wie etwa in den Bildern des Ondrej Steberl oder des Štefan Daňko.

Besonders bekannt wurde in den letzten Jahren die jugoslawische naive Malerei, die an Vielfalt kaum zu überbieten ist. Doch die große Anzahl der malenden Autodidakten zwingt zu besonders kritischer Betrachtung ihrer Bilder. Wenn auch einige der bekannteren Künstler in der Stadt leben und sich in ihrer Motivwahl keinerlei Beschränkung auferlegen, so lebt, arbeitet und malt der überwiegende Teil der jugoslawischen Naiven auf dem Land. Und das Landleben mit all seinen Freuden und Kümmernissen im ewigen Ablauf der Jahreszeiten steht im Mittelpunkt des künstlerischen Schaffens. Viele jugoslawische Maler sind im Hauptberuf Bauern und haben den Sommer über kaum Zeit zu malen. So kommt es, daß es in der jugoslawischen naiven Malerei auffallend viele Winterbilder und Schneelandschaften gibt.

In den Niederlanden stand die naive Kunst lange Zeit im Schatten. Erst seit etwa zwei Jahrzehnten, seit namhafte Galerien Ausstellungen zeigen, interessiert man sich mehr für naive Malerei. Die in den Niederlanden entstandenen Bilder strahlen oft festtägliche Ruhe und ein Gefühl für Ordnung aus. In der Motivwahl setzt sich die Tradition des Landes fort; wie zu Zeiten Rembrandts bevorzugt man Interieurs, Landschaftsbilder und Porträts.

Eine offensichtliche Freude am Grausamen zeigen viele Bilder naiver Maler aus Haiti. Eine eigentliche naive Kunst gibt es hier erst seit etwa 1940, einige ihrer Vertreter haben jedoch rasch Weltruhm erlangt.

Etwa zwei Jahrzehnte früher entstand in Mexiko eine sehr ausgeprägte, individuelle naive Malerei. Neben Dadaismus, Surrealismus und abstrakter Malerei konnte sich die naive Malerei behaupten und, was ihr in den europäischen Ländern nicht gelungen ist, in das Kunstschaffen des Landes integrieren.

Besonders originell in der Interpretation bildhafter Phänomene zeigen sich einige kubanische Naive, die sich – zum Teil sehr bewußt – der intellektuellen Kunst ihres Landes fernhalten.

Am vielfältigsten wohl sind die Motive der Franzosen. Hier läßt sich am wenigsten Gemeinsames feststellen – vielleicht auch nur deshalb, weil uns besonders viele französische Naive bekannt sind.

Kaum ein anderes Land hat in neuester Zeit so viele naive Maler hervorgebracht wie Deutschland. Vertreten sind alle Richtungen: von der ursprünglichen, reinen Naivität, die mit dem ebenso naiven Weltbild des Malers übereinstimmt und eine unkomplizierte, vereinfachende und rein flächenhafte Darstellungsweise hervorbringt – über einen naiven Malstil, der Anregungen der Folklore übernimmt und besonders durch seinen kompositorischen Ornamentalismus auffällt – bis hin zum Intellektuellen, der naiv malt. Fachwerkhäuser und Schlösser werden ebenso dargestellt wie farbenfrohe Volksfeste mit Blasmusikkapellen und Tanzgruppen oder wie Familienbilder und Interieurs. Die Freude am Experimentieren mit Farben scheint ebenfalls eine Eigenart der deutschen Naiven zu sein: neben den herkömmlichen Malfarben wird auch mit Autolack, mit Kunstharz oder – wie bei Minna Ennulat – mit Porzellanlack gemalt.

Erotik

Die Erotik spielt in den meist feierlich-altmodisch wirkenden Bildern der Naiven nur eine untergeordnete Rolle. Unklare, traumhafte Vorstellungen und Illusionen rücken das Bild des Weibes in eine weite, oft unerreichbare Ferne. Tritt es doch einmal nackt in Erscheinung, so gleicht es mehr einem überirdischen Wesen, das engelsgleich, ohne Geschlechtsmerkmale gleichsam durch das Bild schwebt. Männliche Nacktheit wird noch seltener dargestellt, erotische Handlungen fehlen fast ganz. Der naive Maler hat eine natürliche Scheu davor, nach lebenden Modellen zu malen. Ausnahmen bilden darin vor allem Bombois, dann auch Peyronnet und Rimbert.

Verwandte Gebiete

Auf die Entwicklung der naiven Malerei hatte die Volkskunst wesentlichen Einfluß. Die naive Kunst kann aber nicht einfach als eine Weiterentwicklung der Volkskunst gesehen werden. Denn sie lebt ohne jede traditionelle Bindung an Überliefertes, ohne Anschluß an ein Kollektiv und ist völlig frei in ihrer Themenwahl, die Volkskunst dagegen entsteht stets nach vorgegebenen Mustern und wird nach alten Vorlagen gearbeitet.

Herkunft und Beeinflussung

Es ist kein Zufall, daß man gleichzeitig mit der Entdeckung der Naiven auch den Werken Primitiver außerhalb Europas zum erstenmal Beachtung schenkte.

Sowohl die Volkskunst wie auch die Kunst der Primitiven haben manches mit der naiven Kunst gemeinsam, genauso wie auch Kinderzeichnungen und die Bildnerei der Geisteskranken. Trotzdem ist die naive Malerei die einzige wirklich außerhalb alles Geschichtlichen existente Kunstrichtung, die keine biologische Stufe – wie die Kinderzeichnung – durchläuft und keine psychische Alterierung – wie die Malerei der Geisteskranken – kennt.

Um die aufgeführten Gebiete klar von der naiven Malerei abgrenzen zu können, ist es notwendig, ihre Wesensmerkmale im einzelnen zu analysieren.

Volkskunst

Anfang und Wurzeln

Wenn die naive Malerei eine Übertragung der Träume und Wünsche des einzelnen in sein künstlerisches Schaffen bedeutet und dadurch kein naives Bild dem anderen gleicht, so steht im Gegensatz dazu die Volkskunst, die gruppendynamische Vorgegebenheiten im künstlerischen Bereich widerspiegelt. Wir können vielleicht eine gemeinsame Basis und eine homologe Anfangsphase beobachten, in der Volkskunst und naive Kunst nahezu identisch erscheinen; die Weiterentwicklung verlief jedoch divergierend in selbständigen Richtungen. Alle Gegenstände der Volkskunst lassen sich einem bestimmten Typus zuordnen, der in der Überlieferung verwurzelt ist, auch wenn sich noch so sehr das eigenständige künstlerische Schaffen des einzelnen ausprägt. In wirtschaftlich schwachen und geographisch abgeschlossenen Gebieten hält sich die Volkskunst am längsten, das Beharren in alten Überlieferungen ist hier eine Selbstverständlichkeit.

Volkskunst und Kultur

Die Volkskunst wächst meist in der Nähe einer höheren Kultur. Theoretisch müßte sie erstmals während der Blütezeit der alten Hochkulturen möglich gewesen sein, doch sind uns aus dem Altertum Werke solcher Art so spärlich überliefert, daß es schwierig ist, Genaueres darüber auszusagen. Einer der Gründe dafür mag sein, daß sich die Kunstgeschichte bisher kaum mit der Volkskunst befaßt, sondern sie den Ethnologen überlassen hat. Sicher ist jedoch, daß sich Primitives und urständig Produktives, überdeckt von zeitgenössischer Kultur, in unserer Gegenwärtigkeit erhalten hat und in anonymer Schicht weiter wirksam ist.

Anfänge in Europa

Die meisten auf uns gekommenen Werke entstanden in der Zeit zwischen 1750 und 1850 und stammen aus Europa. Am nächsten stand der Volkskunst dieser Zeit das zunftmäßig gebundene Handwerk der Städte im Spätmittelalter. Hier lassen sich auch die meisten Parallelen zur europäischen Kunst des 14. und 15. Jahrhunderts feststellen. Renaissance, Barock und Empire dagegen hatten nur wenig Einfluß auf die Volkskunst; nur gelegentlich fließen formale Elemente in sie ein.

Das merkantile Element

Das systematische Sammeln volkskundlicher Objekte setzte in Deutschland in der zweiten Hälfte des vergangenen Jahrhunderts ein. Durch die ständig anwachsende Industrialisierung befürchtete man ein völliges Aussterben der handwerklich-künstlerischen Tradition, und so begann man, die wichtigsten Erzeugnisse in Museen aufzubewahren.

Die heute entstehenden Schöpfungen der Volkskunst haben nur noch dekorativen Charakter. Was heute auf diesem Gebiet gefertigt wird, ist nach Grochowiak meist ›ein umsatzgarantierendes Konglomerat von historischer Nachahmung und angepaßt modischem Schick‹.

Volkskunst als Gebrauchskunst

Nicht immer war die Volkskunst vom Merkantilen bestimmt. Schon früh war eine Art Gebrauchskunst für den Alltag überall weit verbreitet und wurde von Generation zu Generation weitergegeben. Sie setzte sich zusammen aus Dingen, die zur Ausschmückung des Hauses und der Zimmer dienten, aus selbstverfertigten und bemalten Geräten und Gebrauchsgegenständen, aus Volkstrachten und buntem Schmuck. Vieles war konfessionell geprägt, und die Motive waren aus der Welt des Glaubens und der Legende übernommen. Die Weihnachtskrippen, selbst geschnitzt und bemalt, gehören ebenfalls zum weiten Gebiet der alten Volkskunst. Überliefert sind uns auch viele Butter- und Brotformen, sogenannte Model, auch bemalte Möbel und bemaltes Geschirr, die von den Bauern selbst verfertigt wurden; sie lassen ebenfalls auf großes handwerkliches Können und beachtlichen künstlerischen Geschmack schließen.

Besonders anmutig wirken die bunten, ornamentalen Blumen- und Tierdarstellungen der volkstümlichen mexikanischen Malerei auf gepreßter Amaterinde, die sich in Europa immer größerer Beliebtheit erfreuen.

Andachtsbilder in Hinterglasmalerei – einer in der Volkskunst häufig geübten Technik, der sich auch viele jugoslawische Naive verschrieben haben – finden sich in Kirchen als Kreuzwegtafeln, als Votiv- oder Gnadenbilder, noch häufiger aber im Herrgottswinkel der Bauernhöfe. Es sind vielfach Darstellungen von Heiligen oder Spruchkalligraphien, besonders in protestantischen Gegenden.

Auf Friedhöfen kann man ebenfalls häufig rührenden Zeugnissen der Volkskunst begegnen. Selbst in unseren Tagen entstehen – berühmt für seinen ›fröhlichen Friedhof‹ wurde das kleine rumänische Dorf Sapinta nahe der russischen Grenze – buntbemalte Holzkreuze, auf denen die Lebensgeschichte des Verstorbenen, seine guten Seiten und seine mehr oder weniger verborgenen Laster geschildert werden. Dazu hat man den Langschaft des Grabkreuzes verbreitert, so daß nun genügend Platz für die phantasievolle Gestaltung vorhanden ist.

Marterl und Votivbild

Bis in unsere Zeit hinein haben sich das Marterl und das Votivbild behauptet und selbst bedeutenden Künstlern wie Gauguin und seinen Schülern in ihrem naiven Realismus als Vorbild gedient. Ein Blick in die Votivbildsammlung einer Wallfahrtskirche zeigt die Zeugnisse menschlicher Hilfsbedürftigkeit und Hilflosigkeit. Nach feststehenden Regeln wurden diese Votivbilder gemalt: Der Auftraggeber machte dem Künstler Angaben über den Heiligen, an den er sich wenden wollte, über das Wunder, das er erbat, oder über das Unglück, dessen Abwendung er erflehte, und über seine eigene Person. Je vermögender der Auftraggeber, desto aufwendiger war die Darstellung des Gnadenbilds. Der Heilige schwebt in der Regel in einer Wolke über dem Bild, der Bittsteller selbst steht in Erwartung des Wunders an der Peripherie des Geschehens.

Zeugnisse wunderbarer Ereignisse finden sich auf den Votivbildern: an erster Stelle Heilung bei schweren Erkrankungen, glückliches Überleben schlimmer Kriegs- und Hungerjahre, Rettung aus Seenot und Feuersgefahr, Heilung des erkrankten Viehs, Bewahrung vor dem Ertrinken, vor Vergiftung, vor Verbrennung, vor Steinschlag und Unfall im Gebirge, Bewahrung vor Überfall, Raub, Mord und Totschlag.

Alle diese Darstellungen sind von einer so anschaulichen Erzählkraft, daß der Beschauer auch ohne Entzifferung der meist schwer lesbaren Schrift die einzelnen Begebenheiten klar vor Augen hat.

Bauernmalerei in der Schweiz

In der Schweiz ist im 19. Jahrhundert die Appenzeller und Toggenburger Bauernmalerei entstanden. Sie entwickelte sich von einer ursprünglich ganz persönlichen, auftragslosen Kunstausübung zu einem eigentlichen Gewerbe, mit kollektivem Auftrag und kollektiven Inhalten. Die Technisierung und Rationalisierung des Bauerntums brachte zu Beginn unseres Jahrhunderts dieses Gewerbe zum Erliegen.

Volkskunst: Tradition und Zukunft

Die Volkskunst versucht, den Ausdruck der Vergangenheit weiterzutragen. Malraux versetzt sie in die Welt des Mysteriums. ›Wenn wir daran nicht mehr als ein mit etwas Unbehagen gemischtes Gefallen empfinden können, so liegt es daran, daß ihr nur jenes Etwas an Zukunft fehlt, das einen unabdingbaren Teil des Genies bildet...‹

Die Kunst der Primitiven

Die Kunst der Primitiven ist eng verwandt mit der Volkskunst, Grenzen lassen sich nicht eindeutig ziehen. Morice hat die primitive Kunst in seinem Buch über Gauguin so erklärt: ›Die primitive Kunst geht vom Geist aus und benutzt die Natur. Die sogenannte verfeinerte Kunst geht von der Sinnesempfindung aus und dient der Natur. Die Natur ist die Dienerin der ersten und die Herrin der zweiten.‹

Begriffsbestimmung

Das Wort ›primitiv‹ hat in den letzten siebzig Jahren einen Bedeutungswandel erfahren. Ursprünglich galt die Kunst aller Völker, die die Stufe des reflexiven Bewußtseins noch nicht erreicht hatten, als primitiv: die Kunst aller Naturvölker und der bronzezeitlichen Hochkulturen, weiter die archaisch-griechische Kunst und die Kunst der Etrusker. Die urchristliche Katakombenkunst leitete neue Kunstepochen ein: die frühchristliche, byzantinische, romanische und gotische Kunst.

Der Begriff primitiv enthielt früher viel Abwertendes. Man hat die Ursprünglichkeit der Darstellung als archaisierende Deformation betrachtet und den Formwillen, der über die Leistung hinausgeht, nicht erkannt.

Heute bezeichnet dieser Begriff vor allem das Vornaturalistische, archaisch Anmutende, bei dem die Einzelelemente fehlen, die die naturalistische Kunst kennzeichnen: korrekte räumliche und körperliche Wiedergabe, Proportionalität der Details, Entsprechung der Gegenstandsfarbe und des Anatomischen. Vieles ist uns in den letzten Jahrzehnten, hauptsächlich in der Zeit nach dem Ersten Weltkrieg – man spricht von einer Erweiterung der ästhetischen Perspektiven –, bewußt geworden.

Das formale Element

Den heutigen Betrachter beeindruckt bei den primitiven Kunstwerken die ausdrucksstarke Stilisierung, die oft bizarre Dynamik des Ornamentalen und, sofern mit Farben gearbeitet wurde, die kontrastreiche Farbkomposition.

Tatsächlich aber setzt die Beachtung und Wertschätzung primitiver Kunstäußerungen schon sehr viel früher in Europa ein. Vor einiger Zeit fand man einen

Rechnungsbeleg, aus dem hervorgeht, daß Karl der Kühne westafrikanische Holzskulpturen von einem portugiesischen Seefahrer erworben hat. Gegen Ende des letzten Jahrhunderts fingen dann auch die Museen an, die Kunst der Primitiven systematisch zu sammeln.

Höhlenmalerei

Die Höhlenmalereien sind die ältesten auf uns gekommenen Werke der primitiven Malerei, sie sind etwa 35 000 vor Christus entstanden. Diesen Malereien geht eine vorgeschichtliche Malerei voraus, die sich sicher, leider ist das noch nicht belegt, über Jahrtausende erstreckt. Altsteinzeitliche Höhlenmalereien finden sich in Europa vor allem in Südfrankreich und Nordspanien, in der spanischen Provinz Malaga und in Südportugal, in Afrika in dem ganzen weiten Gebiet zwischen Atlantik und Nil, außerdem in der Kalahari, wo die Buschmänner auch heute noch, wie vor Jahrtausenden, ihre Höhlen mit phantasievollen und faszinierenden Darstellungen schmücken.

Kulturzeugnisse

In jedem der fünf Erdteile finden sich heute noch Zeugnisse alter Kulturen, die der primitiven Kunst zuzuordnen sind. Erinnert sei an die gigantischen Steinfiguren der Osterinseln, an die großartigen Skulpturen der Eskimos, an die buntbemalten Totempfähle vieler Indianerstämme, an die Bogumilensteine in Jugoslawien, an die vielen Zeugnisse primitiver Kunst, die sich in Afrika, Australien und der Inselwelt Ozeaniens finden.

Die Kinderzeichnung

Parallelen

Die Zeichnungen von Kindern haben ebenso wie die der Primitiven eine gewisse Ähnlichkeit mit den Schöpfungen der Naiven. Auch sie wurden vom ausgehenden 19. Jahrhundert an zum Gegenstand eingehender Untersuchungen gemacht. 1887 beschrieb Conrado Ricci erstmals den Zusammenhang zwischen der Darstellungsweise von Kindern und Primitiven, wies aber bereits mit Nachdruck auf die prinzipiellen Unterschiede hin: Kinder malen ein Sinnbild der Natur, nicht ein Abbild. Das heißt, sie malen, was sie wissen, nicht das, was sie sehen. Sie sagen also Grundsätzliches über ein Thema aus, nicht nur rein Zufälliges. Kinder finden sofort das ihnen Gemäße, den Naiven ist diese Fähigkeit immanent. Deshalb ist bei Kinderzeichnungen die Absichtslosigkeit erkennbar, die das zeichnende Kind mentalitätsmäßig in die Nähe der Naiven rückt.

Und wie bei der naiven Zeichnung, so ist auch bei Kinderzeichnungen ein Nachahmen nicht möglich, ohne daß wesentliche Elemente verlorengehen und das Bild ins Unglaubhafte abgleitet. Selbst Künstlern wie Gauguin ist ein solches Experiment eingestandenermaßen mißlungen. Dieses intellektuelle Bemühen war jedoch für Gauguins künstlerische Entwicklung und seinen eigenen Stil von großer Bedeutung.

Grundsätzliche Unterschiede

Ein wesentlicher Unterschied zwischen Kinderzeichnung und der naiven Malerei besteht in der Entwicklungsfähigkeit des kindlichen Malens. In den frühen Jahren der Kindheit kommen die Bildäußerungen spontan zustande und stehen zur Realität in einem unkomplizierten elementaren Verhältnis. In späteren Jahren verliert sich die Spontaneität, die Kinderzeichnungen so ›naiv‹ erscheinen läßt. Die offensichtliche Verwandtschaft zwischen Kinderzeichnung und naiver Kunst geht verloren, die Kinderzeichnung erweist sich als kreative Episode in der biologischen Entwicklung des Kindes.

Die Bedeutung der Entwicklung

Der naive Maler dagegen kennt, wie bereits betont, keine Entwicklung. Er mag sich eine gewisse handwerkliche Fertigkeit im Laufe der Jahre erworben haben, die ihn befähigt, im Sinne einer gewissen technischen Perfektion, anders zu malen. Von einer eigentlichen Entwicklung kann aber keine Rede sein.

So verschieden also die Ergebnisse des kindlichen von denen des naiven Malens sind, so ähnlich sind doch die Voraussetzungen für das Zustandekommen eines Bildes: Gemeinsam ist beiden vor allem die Freude am Malen, die Ursprünglichkeit der Aussagekraft und die Tatsache, daß alle Möglichkeiten der individuellen Gestaltung des Bildes offenliegen.

Die Kinderbilder sind nicht von Grund auf durchdacht. Das Kind beginnt an einer beliebigen Stelle des Blattes und vollendet das Bild ohne planende Konzeption. Diese wird ersetzt durch das Aneinanderfügen zeichnerischer Elemente. Dabei kommt es naturgemäß vor, daß die so entstandene Komposition ohne inneren Zusammenhang scheint, durch nachträgliches Übermalen wird das dann zu ändern versucht.

Interessant ist in diesem Zusammenhang eine Untersuchung von Pohribný und Tkác, die Malweise und Vorstellungskapazität einzelner naiver Maler mit den verschiedenen kindlichen Altersstufen vergleichen.

Die Malerei der Geisteskranken

Wandlungen in der Beurteilung

Unter dem Aspekt des klassischen Ästhetizismus imponiert die Kinderzeichnung als möglichst schnell zu durchlaufende Entwicklungsphase. Die naive Kunst und die Volkskunst sind in diesem Begriffsbereich überhaupt nicht diskutabel, und das bildnerische Wirken der psychisch Kranken gar erscheint als pathologische Deformation des Künstlerischen. Diese abwertende Beurteilung hat jedoch mit der durchaus veränderten Einordnung der psychopathologischen Persönlichkeit durch die heutige Gesellschaft einen wesentlichen Wandel erfahren. Der Kranke befindet sich im Verlauf seiner seelisch-geistigen Desintegration in einer andauernden Auseinandersetzung mit seiner Lebenssituation, die rationale Bewältigung der Wirklichkeit ist in erheblichem Maße gestört.

Durchbrechung der Isolation

Die Situation des Kranken treibt ihn in die Introversion und letztlich in die Irrealität. In dieser Situation mag es viel für ihn bedeuten, zeichnend und malend die Mauer seiner Krankheit zu durchbrechen. Gelingt ihm dies, so entstehen oft Schöpfungen von erstaunlicher Aussagekraft.

Malen als Therapie?

So vielfältig die Mittel sind, die der Kranke anwendet, so auffallend beschränkt ist er in der Auswahl seiner Motive. Die zwanghafte Vorstellung des Gefangenseins läßt ihn fast ausschließlich sein Gefängnis malen, ein Indiz für das Bedürfnis, sich auszudrücken und sich und die Umwelt mit seiner Situation zu konfrontieren. Die für den Beschauer eindrucksvollsten Bilder sind nach Prinzhorn wohl aus einem gewissen Symbolbedürfnis heraus entstanden, sie haben ihre Quellen im Halluzinatorischen, nehmen keine Rücksicht auf naturgegebene Zusammenhänge und treten mit dem Anspruch auf, als selbständige Schöpfungen mit Eigengesetzlichkeit zu gelten. Darin liegt eine Willkürkomponente, die wir sonst nicht kennen, eine Beziehung zu Erlebnissphären, die uns verborgen bleiben, auch wenn wir sonst mit der gelegentlichen Unheimlichkeit künstlerischer Phantasie vertraut zu sein glauben.

Wie sich die Erkrankungen selbst in den meisten Fällen gegeneinander abgrenzen lassen, so gibt es auch Kriterien, die Unterschiede in der Darstellungsweise der Kranken erkennen lassen.

Zugang zur Seele

Die rätselhaftesten, aber zuweilen am ehesten als wirkliche Kunstwerke anzusprechenden bildlichen Darstellungen sind die der Schizophrenen: dämonische Darstellungen mit typischen Wiederholungen der ornamentalen Motive. Im Endzustand der Krankheit ist ein Zugang zur Psyche der Patienten oft nur über deren bildnerisches Wirken möglich. Verläuft die Erkrankung kontinuierlich bis zur geistigen Aushöhlung, so spiegelt sich dies getreu in den Bildern wieder. Verläuft die Erkrankung in Schüben, so lassen sich solche Zäsuren leicht erkennen.

Die naive Malerei in aller Welt

Deutschland

Von Friedrich Wilhelm I. bis ›Friedrich dem Einzigen‹

Die naive Malerei Deutschlands reicht – historisch gesehen – von Friedrich Wilhelm I. von Preußen bis zu Josef Wittlich. Oder – geographisch von Nord- nach Süddeutschland – von Rudolf Stapel bis Max Raffler. Oder – um das ganze breite Spektrum ihrer möglichen Stilrichtungen einzukreisen – von dem einfachste Formen ins Bild setzenden Michael Schächl bis hin zu den technisch perfekten Schöpfungen eines Jan Balet.

Als der älteste deutsche Naive gilt – außer dem schon erwähnten Preußenherrscher, der, wie etwa in seinem Bild ›Der Jude und der Bauer‹, Szenen aus dem täglichen Leben in einfacher figürlicher Darstellung und mit frischen, kraftvollen Farben schildert – der Bildnismaler Oluf Braren, der 1787 auf der Insel Föhr geborene Dorfschulmeister. Von ihm kennt man etwa dreißig Frauen- und Kinderporträts, denen ein herber Charme anhaftet.

Abb. S. 38

Man könnte sich vorstellen, daß das 19. Jahrhundert unter einer Reihe von Sonntagsmalern auch manchen naiven Maler hervorgebracht hat und daß es auf diesem Gebiet noch einiges zu entdecken gibt. Indes wurde bislang nur Adalbert Trillhaase bekannt, dessen wichtigste Schaffensperiode jedoch in unserem Jahrhundert liegt. Seine Bilder, eigentümlich statuarisch wirkende Darstellungen mit Motiven aus Sage, Mythologie, Altem und Neuem Testament, galten in den dreißiger Jahren als entartet – so bekannt war der im Rheinland lebende Trillhaase immerhin – und sind nur auf uns gekommen, weil Verwandte des Malers sie in die Schweiz gerettet haben. In dieser dunklen Periode unserer Geschichte, in der jede Spontaneität in ihren Anfängen vom Ersticken bedroht war, konnte sich am ehesten wohl noch ein Naiver wie Friedrich Schröder-Sonnenstern, selbsternannter ›dreifacher Weltmeister der Narretei‹, anpassen. ›Friedrich der Einzige‹, Spiritist, Astrologe und Wanderprediger, 1892 in Tilsit geboren und mehrmals in seinem Leben in beträchtlichen Schwierigkeiten mit Justiz und Gesellschaft, gilt als Grenzfall innerhalb der naiven Malerei. Seine oft ins Obszöne abgleitenden Bilder weisen vielfach Merkmale auf, die auch den Malereien Geisteskranker eigen sind. Doch da es im normalen Leben

Abb. S. 64

schon schwierig ist, krankhafte Verhaltensweisen sicher abzugrenzen, so wird ein solches Unterfangen im Bereich der Kunst völlig fragwürdig.

Zur älteren und inzwischen schon verstorbenen Generation der deutschen Naiven zählt Carl Christian Thegen, Metzger, Handlanger bei einem Zirkus, Clown, Tierwärter, Gelegenheitsarbeiter und Vagabund. Von ihm stammen vor allem ausdrucksvolle Tierbilder, denen er stets im Profil gezeichnete Menschen, mal aus dem Zirkusmilieu, mal aus dem bäuerlichen Umkreis oder aus Indianergeschichten, zugesellt. *Abb. S. 63*

Auch Hermine Klose, die nach dem Tod ihres Mannes in der Malerei Trost und Glück fand, ist tief der Natur verbunden. In ihren stets kleinformatigen Bildern dominieren Wiesen und Bäume in eigenwilliger Farbgebung. Sie wurde durch ihren Sohn, der selbst Maler ist, zu eigenen Schöpfungen angeregt. Dasselbe gilt auch für Klara Schad. Zwei ihrer Töchter sind Malerinnen. Und zur Freude der Enkelkinder hat die 75jährige Großmutter, ähnlich ihrem berühmten amerikanischen Vorbild, zum Pinsel gegriffen. Und wie Grandma Moses, so malte auch Großmutter Schad ihre Umgebung: weiße Häuser mit roten Dächern, Straßen, bevölkert mit Menschen und Tieren, Wiesen mit Schafen und spielenden Kindern.

Einen malenden Sohn, den Bauhausmeister Prof. Georg Muche, hatte der 1868 geborene Felix Muche, der sich nach seinem Wohnort Ramholz nennt. Unbeirrt von der Kunst seiner Zeit – in Muches Wohnzimmer hingen Originale von Picasso und Chagall, Klee und Feininger – malte er seine eigenen naiven Bilder, humorvolle und liebenswerte Geschichten aus seiner Erlebniswelt.

Dem ländlichen Milieu verhaftet sind die eigentümlich linearen Darstellungen des heute über 80jährigen Jean Abels. Auch biblische Motive hat der ehemalige Eisenbahner gemalt. Seine Werke sind von einer eigengesetzlichen Strahlkraft geprägt, die den Betrachter unmittelbar ansprechen.

Vollendet in der Technik und – soweit es die Landschaftsbilder betrifft – an der Grenze zwischen naiver Malerei und magischem Realismus angesiedelt, sind die in düsterem Blau-Grün gemalten Visionen des 1966 verstorbenen Karl Maeder.

Maler – Bilder – Temperamente

Von fröhlicher Heiterkeit dagegen sind die in harmonischen Farben gemalten Blumensträuße der Friederike Voigt. Sie hat nach dem Tod ihres Mannes zunächst Wandbehänge gestickt, die durch ihre mit Geschmack ausgewählten Farben auffielen. Angeregt durch die begeisterte Zustimmung ihrer Familie und guter Bekannter, hat Oma Voigt dann als 70jährige die Nadel mit dem Pinsel vertauscht.

Auch Emma Stern war bereits siebzig Jahre alt, als sie, um die Schrecken des Nazi-Regimes, ihre Flucht unter falschem Namen nach Paris und ihr einsames Leben dort zu vergessen, zu malen begann. Was sie bis zu ihrem Tod im 91. Lebensjahr an Bildern geschaffen hat, zählt mit zum Eindrucksvollsten,

was die deutsche naive Malerei hervorgebracht hat. Der elementare Aufbau ihrer Bilder, die Perfektion des Malvortrags und die maßvolle Verteilung ihrer Farben machen Emma Stern zu einer der bedeutendsten Naiven unseres Jahrhunderts.

Ein Intellektueller malt naiv

›Ein überzeugendes Beispiel für die Möglichkeit bürgerlich-intellektuellen Daseins bei voller Naivität des Gefühls und echter Gestaltungsgabe‹ ist für Bihalji-Merin das Werk des Augenarztes Dr. Waldemar Rusche, genannt Paps. Seine Erinnerungen an die Geschehnisse seines ereignisreichen 70jährigen Lebens hat er in anmutige, unbefangen gemalte Bilder umgesetzt.

Auch Sophie Marx gewinnt in ihren Bildern dem Leben die heiteren Seiten ab. Die heute 84jährige malt Blumenwiesen und Katzen, Umzüge und Feste voll rheinischer Fröhlichkeit.

Zu den zwischen 1880 und 1900 Geborenen zählen auch Albert Schmidt, der pensionierte Bankbeamte, der zartfühlig und behutsam seine nächste Umgebung, sein Zimmer, den Blick aus dem Fenster, Häuser und Plätze Mannheims, seines Wohnorts, in seine Bildordnung zwingt; Wilhelm Friedrich Nagel, genannt Bill Nagel, der schon in den zwanziger Jahren naive Bilder von stiller Eindringlichkeit schuf; Heinrich Schilling, der in sensibel aufeinander abgestimmten Farben immer wieder seine Heimatstadt Essen und deren Umgebung ins Bild setzt; der gelernte Anstreicher Heinrich Weghaus aus Gladbeck, dessen Traum es war, Maler zu werden, und der sich im Ruhestand erst diesen Traum erfüllen konnte.

Die malenden Ruhrkumpels

Auch Hans Koehn und Karl-Eduard Kazmierczak, beide in den sechziger Jahren verstorben, zählen zur älteren Generation der deutschen Naiven. Beide waren von Beruf Schlosser. Zusammen mit Max Valerius, Karl Hertmann, Franz Klekawka, Karl-Heinz Thewissen, Franz Brandes und den Brüdern Friedrich und Ludwig Gerlach zählen Koehn und Kazmierczak zum Kreis der ›malenden Ruhrkumpels‹. Im Ruhrgebiet bestehen von staatlicher und privater Seite besonders viele Freizeitangebote. Insbesondere bemüht sich der Deutsche Gewerkschaftsbund im Rahmen der in Recklinghausen stattfindenden Ruhrfestspiele um die Freizeitmaler im ›Revier‹. Thomas Grochowiak, Direktor der Museen in Recklinghausen und Oberhausen und bis vor kurzem Organisator der Kunstausstellungen der Ruhrfestspiele, ist das Bekanntwerden der oben genannten Maler zu verdanken.

So verschieden auch die Werke dieser neun Naiven aus dem Ruhrgebiet scheinen – Valerius schildert die Arbeitswelt mit all ihren Schattenseiten, Kazmierczak und Klekawka finden ihre Bildthemen ebenfalls im Alltag des Industriear-

◄

Oluf Braren, Mädchen von der Insel Föhr. Um 1820/30. Schleswig-Holsteinisches Landesmuseum. Aus: A. Jakovsky, Peintres naïfs, Basilius-Presse AG, Basel

beiters, Brandes widmet sich traditionellen Bergmannsfesten; Hertmann liebt es, seine private Umgebung mit Akribie darzustellen; die Bilder Friedrich Gerlachs erscheinen wie surrealistisch-verfremdete Visionen aus einer anderen Welt –, gemeinsam ist allen das Bemühen, sich mit der Mühsal ihres Alltags auseinanderzusetzen.

Abb. S. 65 In der Nähe von Höhr-Grenzhausen lebt Josef Wittlich, dessen poppig-bunte, zuweilen an Comic strips erinnernde Bilder von malerischer Impulsivität überzuquellen scheinen. Wittlich, der unbeirrt vom Rummel um seine auf einem wackligen Küchentisch entstandenen Blätter in wahrhaft naiver Weise arbeitet, zählt seit seiner Entdeckung durch Fred Stelzig in den 60er Jahren zu den bekanntesten Naiven Deutschlands.

Ein Jahr älter als Wittlich ist der 1902 geborene, am Ammersee lebende Max
Abb. S. 55 Raffler, einer der wenigen dem bäuerlichen Umkreis verhafteten Naiven Deutschlands. Der bescheidene Raffler malt schon seit Jahrzehnten seine Pflanzen-, Tier- und Landschaftsbilder und seine einfältig-frommen Darstellungen der biblischen Geschichte in tief empfundener Innerlichkeit.

An den Chiemsee, nach Breitbrunn, hatte sich der kürzlich verstorbene Fritz
Abb. S. 52 Kükenthal zurückgezogen, um in Ruhe und Beschaulichkeit die ihm noch verbleibenden Jahre seines bewegten Lebens malend zu verbringen. Er zauberte ausschließlich heitere, märchenhafte Bilder in sommerwarmen Farben auf seine Leinwände.

Sehr poetisch und ausgestattet mit viel Sinn für dekorative Einzelheiten präsentiert sich die Bildwelt des in Schlesien geborenen, heute in Itzehoe lebenden Oberstudienrats Fritz Seemann.

Hans Holzinger, der verdienstvolle Galerist, Mäzen und Freund vieler naiver Maler, hat den aus Kirchdorf in Oberbayern stammenden Michael Schächl und seine farbenfrohen, zuweilen expressionistische Ausdruckskraft erreichenden Bilder entdeckt.

Holzinger hat sich auch um die in New Orleans geborene und heute in Mün-
Abb. S. 41 chen lebende Vivian Ellis bemüht. Die farbenfrohen, dekorativen Bilder lassen die afro-amerikanische Herkunft der Künstlerin und ihre Verwurzelung im Instinkthaft-Mythischen erahnen.

Außer Vivian Ellis leben und arbeiten in München und der nächsten Umgebung eine ganze Reihe bekannter Künstler, deren Zugehörigkeit zu den Naiven zuweilen aus den verschiedensten Gründen in Frage gestellt wird. Das gilt vor allem für das Ehepaar György und Dorothea Stefula und für Jan Balet. Auch Petra Moll, die in München Nachwuchstalente das Malen in naiver Manier lehrt, wird bisweilen in ähnlicher Weise charakterisiert.

Ganz unverfälscht naiv dagegen muten die farbenfrohen, liebevoll erzählenden
Abb. S. 49 Bilder der Lisa Kreitmeir, der Gerlinde Krauss und der Waltraud Freyberger, die unter dem Pseudonym Fabula malt, an.

Vivian Ellis, Wassermelonen-Wettessen. 1969. Öl auf Leinwand, 30 x 40 cm

Humorvoll, mit vergnüglichem Augenzwinkern bringt Lore Kipphardt Menschen und Situationen ihrer Umgebung ins Bild. Sie malt hauptsächlich Hinterglasbilder – genauso wie Greta-Maria Scherzer, die instinktsicher satte, erdige Farben einsetzt, die ihren Bildern ein besonderes Fluidum verleihen; und wie Erna Emhardt, die sich zunächst im Sticken versuchte, bevor sie zum Malen kam, und die mit ihren Bildthemen zur biblischen Geschichte, vor allem in der Darstellung des Paradieses und der Arche Noah, viel Anklang findet.

Abb. S. 56

Die Landschaften, die Eva Blum mit spitzem Pinsel erfindet, werden bevölkert von Menschen in seltsam magischer Entrücktheit und von Tieren, die dem Betrachter voll paradiesischer Unschuld entgegenblicken.

Lyrische Empfindsamkeit und Verspieltheit spricht aus den anmutigen Bildniederschriften der Gisa John.

Einen besonderen Akzent setzen die sonntägliche Ruhe ausstrahlenden Bilder des Studienrats Bruno Epple in der naiven Landschaft. Epple hat die Farbe Weiß für seine Malerei entdeckt, die zur festtäglichen Stimmung seiner Bilder wesentlich beiträgt.

Eine hilfreiche Institution

Viele der inzwischen bekanntesten Naiven Deutschlands haben ihre ersten Bilder bei einer der längst zur Institution gewordenen Ausstellungen der Firma Eisenmann in Böblingen gezeigt. Zu ihnen zählen: Hildegard Auer, die seit Anfang der 60er Jahre malt und hauptsächlich Tierbilder in erlesenen Farben und elementarer Erfindungskraft geschaffen hat – Ida Bock, deren Leben von ihrer Deportation nach Sibirien überschattet war und in deren Bildern sich diese düsteren und bedrückenden Erlebnisse und eine tiefe Anteilnahme am Schicksal ihrer Mitmenschen niederschlagen – Charlotte Encke, die sich in die Bilder der Grandma Moses verliebt hatte und eines Tages spielerisch versuchte, selbst zu malen – Sofia Erkens, die nach dem Unfalltod ihrer Tochter erstmals zum Pinsel griff, um ihrer Depressionen Herr zu werden – Lucie Fraßa, die sich ihren Traum, Malerin zu werden, in der zweiten Lebenshälfte erfüllen konnte und die in heiteren Valeurs alles in Angriff nimmt, was ihr des Abbildens wert erscheint – Erich Grams, der nach unfallbedingter Invalidität mit viel Liebe und Geduld begann, sein Haus von oben bis unten, innen und außen auf die phantasievollste Weise zu bemalen und heute ebensoviel Liebe auf seine Bilder verwendet – Karl Hurm, der ebenfalls aus Gesundheitsgründen seinen Beruf aufgeben muß, Hausmann wird, sich dabei langweilt und daraufhin mit viel Phantasie seine Bildvorstellungen realisiert – Maria Kloss, deren Mann Graphiker ist und die eines Tages die Lust übermannt, es mit Malen zu versuchen, und die inzwischen mit ihren geometrisch klaren Formen und ungebrochenen Farben als eine der erfolgreichsten naiven Malerinnen Deutschlands gilt – Dorothea Löbel-Bock, die, angeregt durch ihren künstlerisch tätigen Mann, einfach zu Papier brachte, was ihr gefiel: Straßen und Kirchen ihrer Heimatstadt Berlin, schlittschuhlaufende Kinder, Ausflugsdampfer, Schafherden,

Abb. S. 47

bunte Zirkuswagen – Andrée Marie Thérèse Majchrzak, in Kairo geboren, deren Bilder diese fremde Welt widerspiegeln – Max Seifert, ehemaliger Polizeihauptmeister, der fast ausschließlich seiner Malerei lebt und eine Vorliebe für Landschaften und die Darstellung bäuerlicher Tätigkeiten hat.

Einen geradezu naiven Boom hat auch der Malwettbewerb der Zeitschrift ›Stern‹ ausgelöst. Für viele Preisträger wurde der Erfolg zum Ansporn. Dies gilt hauptsächlich für Rosemarie Landsiedel-Eicken, die Musiklehrerin aus Kassel; für den Berliner Schiffskoch Carl Borro Paletta, der sich nicht nur rühmt, Erfinder der Cocktail-Häppchen zu sein, sondern diese auch detailgetreu im Bild festhält; für Silvia Garde, Pferdezüchterin aus Lohmar, deren Lieblingsmotiv ihre Pferde sind; für die Flensburger Journalistin Maja Kunert, die alles mit Bedacht aufzeichnet, was ihr auf ihren vielen Reisen an Merkwürdigkeiten begegnet.

Auch für Minna Ennulat, die beim ›Stern‹-Wettbewerb den 2. Preis erhielt, bestimmte dieses Ereignis ihr weiteres Leben. Ihren reichen Schatz an Erinnerungen setzte sie fortan in Bilder um: Erinnerungen an ihre ostpreußische Heimat mit ihren Schlössern, Parks und Seen, an Elche und Trakehnerpferde. *Abb. S. 44*

Zu den bekanntesten Naiven unseres Landes zählen die beiden in Hamburg lebenden Rudolf Stapel und Manfred Söhl. Stapel nimmt sich viel Zeit, sich in seine – meist in und um Hamburg entstandenen – Bilder zu versenken. Er hat seine persönliche Handschrift seit Jahren gefunden und ist ihr treu geblieben. *Abb. S. 61*

Auch in Söhls Bildern ist Hamburg und das Meer immer wiederkehrendes Motiv; seine Malerei enthält außerdem oft eine märchenhafte Komponente: einen riesigen Fisch etwa, der bedrohlich über der Küstenlandschaft schwebt. *Abb. S. 57*

In Cuxhaven lebt Ria Eing, von Beruf Kindergärtnerin, die mit Hingabe Spielsachen gebastelt hatte und dann, angeregt durch ihren Mann, begonnen hat, Kinder- und Erwachsenengesichter in schlichter Monumentalität zu gestalten.

Ebenfalls in Norddeutschland, in Fischerhude bei Bremen, lebt Henry Dieckmann, der seit 1968 malt. Bekannt geworden sind seine Bilder voll epischer Erzählbreite mit Motiven aus französischen Städten.

Ganz spontan hat der Kölner Händler Eduard Odenthal ums Jahr 1965 seine Liebe zur Malerei entdeckt. Er zählt zu den produktivsten Naiven in Deutschland, bemerkenswert sind seine Bildzyklen, so etwa eine Holland- und eine Tierserie. *Abb. S. 53*

Als Leierkastenmann, Trödler und Kneipenwirt wurde Curt Mühlenhaupt bekannt. Ganz von selber hat es sich ergeben, daß er eines Tages, entwaffnend unkompliziert, zu malen anfing. Er und sein Bruder Willi, der ebenfalls, nach dem Tod seiner Frau, zu malen begann, gelten in Berlin-Kreuzberg als Originale.

Nach seinen Versuchen, Skulpturen zu schaffen, überraschte der Masseur Koal eines Tages mit Bildern von eigenartiger Faszination und kraftvoller Farbig- *Abb. S. 48*

Minna Ennulat, Beynunen (2. Fassung). 62 x 84 cm. Galerie Egon Hassbecker, Eberbach

►
Leonore Esdar, Und sonntags in den Zoo. Öl

ZOO
KASSE
CAFE

keit. Alles in diesen Bildlandschaften scheint von einer Symbolik durchdrungen, die so rätselhaft ist wie die Person des Künstlers selbst.
Obwohl sich die Bilder von Ruth Augustin und Leonore Esdar in keiner Weise ähneln, verbindet beide doch eine betont weibliche und sehr persönliche Note. Beide gewinnen dem Alltag ein reiches Maß an Poesie ab, das in ihre Bilder Eingang findet. Ruth Augustin begann im Jahr 1960 in Öl zu malen; sie ist auf kein bestimmtes Thema festgelegt und will mit ihren Bildern nichts als Freude
Abb. S. 45 bereiten. Auch Leonore Esdars erste Bilder entstanden 1960. Sie hat ihre Landschaften, Gärten und Tierbilder mit feinstem Pinsel durchgemalt und mit subtilen Farben und ihrer unerschöpflichen Phantasie zu einem fröhlichen Bildteppich verwoben.

Biographien (Deutschland)

Abb. S. 38

Oluf Braren

Geboren 1787 in Oldsum auf der Insel Föhr; gestorben 1839 in Toftum/Föhr (Deutschland)
Oluf Braren gilt als der älteste Naive Deutschlands und als der bedeutendste seiner nordfriesischen Heimat. Leider kennt man nicht sehr viele Bilder von ihm; es sind in der Hauptsache Genrebilder und Porträts, die eine behäbige Biedermeiergemütlichkeit ausstrahlen. Mehr dagegen, allerdings Gegensätzliches, wird über ihn selbst berichtet: er sei von Kindheit an querköpfig gewesen und habe stets gegen alles und jeden in Opposition gelebt. Er wurde gegen den väterlichen Willen Lehrer, hatte entgegen aller damaligen Moralvorstellungen Ehefrau und Geliebte. Und er malte, was in dieser Zeit ebenfalls schon hart an der Grenze des guten Tons lag. Nach anderen Überlieferungen war Braren ein kleiner, freundlicher und fast kindlich wirkender Mensch, der Pflanzen und Tiere, Muscheln und Steine sammelte und im Jahr 1813 ein vielbeachtetes Buch über Säugetiere schrieb.

Abb. S. 41

Vivian Ellis

Geboren 1933 in New Orleans/Louisiana (USA)
Nach Abschluß der Schule wurde Vivian Ellis, die Tochter eines Baptistenpfarrers, Krankenschwester und Lehrerin für Krankenpflege, außerdem widmete sie sich intensiven Sprachstudien. Um ihre Sprachkenntnisse zu erweitern, kam sie 1960 nach Deutschland, wo sie sich in München niederließ. In Deutschland begann sie zu malen. Wie gut sie sich in ihrer Wahlheimat eingelebt hat, zeigt die Tatsache, daß in ihren Bildern auch typisch bayerische Motive auftauchen. Doch ihre Heimat Louisiana, das religiöse Leben der farbigen Baptistengemeinde, das kleine Haus der Großmutter an den Ufern des Missis-

Maria Kloss, Katzen im Winter

Werner Koal, Kloster mit gelben Bäumen. 1973, sig. 48/58. Öl auf Sperrholz. Galerie Egon Hassbecker, Eberbach

Lisa Kreitmeir, Leonhardiritt. 1974. Öl auf Leinwand. 70 x 80 cm.
Galerie Elke und Werner Zimmer, Düsseldorf

sippi hat sie darüber nicht vergessen. Immer wieder malt sie in leuchtenden Farben ihre Erinnerungen an New Orleans und an das Leben im Süden der USA.

Erna Emhardt

Geboren 1916 in Melchin/Mecklenburg

Sie entstammt dem bäuerlich-handwerklichen Lebenskreis, ihre künstlerische Begabung zeigte sich erst im vierten Dezennium. Als kinderlose Hausfrau nicht ganz ausgelastet, macht sie aus Stoff Applikationen, die sie zu regelrechten Bildzyklen vereinigt. Aus einigen dieser Zyklen mit Themen aus der Bibel sind Kinderbücher entstanden, die in ihrer märchenhaften Anmut nicht nur Kinder, sondern auch Erwachsene begeistern. Erna Emhardt gehört zu den wenigen Naiven, die im Lauf ihrer Jahre ihren Stil vervollkommnen konnten, ohne ihre Naivität zu verlieren: Ihr Gefühl für Farbe hat sich verfeinert, ihre Fabulierkunst hat sich vervielfacht.

Abb. S. 44 **Minna Ennulat**

Geboren 1901 in Baltschdorf/Ostpreußen

Bis zu ihrer Verheiratung arbeitete Minna Ennulat als Köchin auf einem Gutshof und lebte bis zum Ende des Zweiten Weltkriegs mit ihrer Familie ein glückliches Leben. Dann vertrieb sie 1945 ein grausames Schicksal aus ihrer ostpreußischen Heimat. Über das brüchige Eis das Haffs führte sie ein gefahrvoller Weg bis nach Schleswig-Holstein und schließlich in die Sicherheit in Hessen. Ihr erstes Bild malte Minna Ennulat 1945, um eine kahle Wand ihrer Wohnung in der neuen Heimat zu schmücken. Mit ihrer Malerei in die Öffentlichkeit trat sie jedoch erst ums Jahr 1972. Viele ihrer Bilder begleiten Minna Ennulat zurück in ihre Heimat. ›Sie zählt‹, so charakterisiert sie Elke Zimmer, ›zu den zeitgenössischen Naiven, deren Authentizität unbestritten ist. Mit ihrer völligen Unbefangenheit in der Behandlung der formalen und maltechnischen Fragen ist sie geradezu ein Musterbeispiel echter naiver Malerei...‹

Bruno Epple

Geboren 1931 im Hegau in der Nähe des Bodensees

Bruno Epple – der Naive vom Bodensee – studierte Germanistik und Geschichte und wirkt heute als Studienrat am Gymnasium von Radolfzell. Er begann während des Studiums 1955 zu malen und kam rasch zu Erfolgen. Die Figuren seiner Bildern erinnern an Botero und werden in der Fachwelt recht unterschiedlich beurteilt. Während Jakovsky ihn für den begabtesten Naiven in Deutschland hält, rechnen ihn andere Autoren nicht zu den authentischen Naiven. Seine Themen findet Epple in seiner ländlichen und kleinstädtischen Umgebung. Themen, die erkennen lassen, daß er seiner Umwelt nicht nur freundlich beobachtend, sondern auch kritisch gegenübersteht.

Leonore Esdar *Abb. S. 45*

Geboren 1919 in Bielefeld

Zwanzig Jahre lang war Leonore Esdar Schauspielerin an namhaften Bühnen des In- und Auslands, bis sie im Jahr 1960 mit Rücksicht auf ihre angegriffene Gesundheit ihren Beruf aufgab. Sie sah sich nach einem kleinen Haus auf dem Lande um und zog in die Nähe Frankfurts. Dort lebt sie heute noch mit ihrem Mann, der ebenfalls Schauspieler ist. Eines Tages begann sie spielerisch, Figuren nebeneinanderzusetzen und die figürlichen Komplexe zu eindrucksvollen Kompositionen zu vereinigen. So entstanden anmutige, sonnendurchflutete Bilder, auf denen fremdartige Tiere durch exotische Gärten stolzieren, bunte Kinderkarussells sich drehen und das geheimnisvolle Leben des Meeresgrundes am Betrachter vorüberzieht.

Fritz Gerlach

Geboren 1903 in Herten; gestorben 1972 in Herten

Für Fritz Gerlach ist das Unbewußte der Ausgangspunkt aller Kunst. Die Motive für seine mit der Besessenheit zur Präzision gemalten Bilder empfängt er in Träumen und visionären Gesichten, in quälend engen Sekunden, in denen Realität und Rationalität der Welt in Frage gestellt sind. Seine Bilder erinnern an Werke Chiricos, wie er verteilt er Licht und Schatten, wie er stellt er den hilflosen Menschen in den Umkreis einer mißachteten, zerstörten Natur. Dämonie und Trostlosigkeit prägen seine Bilder, die Symbole unserer Wohlstandsgesellschaft erscheinen in ihnen wie unnütze Requisiten der Ruhe und Besinnlichkeit. Fritz Gerlach, der gesundheitlich geschwächte Bergmann aus dem Ruhrgebiet, der wohl auch seinen Bruder zum Malen angeregt hat (auch Ludwig Gerlach ist ein bekannter naiver Maler), kann mit einigem Recht auch den Surrealisten zugerechnet werden.

Maria Kloss *Abb. S. 47*

Geboren 1940 in Ronsperg (Tschechoslowakei)

In einem romantischen Seitental des Neckars, unweit des Städtchens Schwäbisch Gmünd, wohnt und arbeitet Maria Kloss. Das malerische, alte Haus liegt abseits der großen Straße, ein Wegweiser, bunt bemalt mit Katzen, ihrem Lieblingsmotiv, zeigt dem Besucher den Weg. Maria Kloss malt seit 1964, angeregt durch ihren Mann, der Graphiker ist und dem sie ihre künstlerischen Fähigkeiten beweisen wollte. Ihre Bilder unterscheiden sich markant von denen anderer Naiver, die Welt ihrer Bilder ist von statischer Ruhe. Sie erzählen keine Geschichten. Flächenaufteilung und lineare Gestaltung und die oft grellen Pop-Farben sind von plakativer Ausdruckskraft.

Fritz Kükenthal, Pegasus und der Dichter. Foto: Peter Keetman

Eduard Odenthal, Stadtansicht von Xanten am Niederrhein. Aus der Serie: Die seltsamen Erlebnisse eines Teppichhändlers

Abb. S. 48 **Werner Koal**

Lebensdaten sind nicht bekannt

Über das Leben des Werner Koal ist wenig Konkretes bekannt, sein Lebenslauf scheint ihm für die Öffentlichkeit ungeeignet. Sein Vater sei Tropenarzt gewesen, seine Mutter als Jüdin im Konzentrationslager umgekommen, er selbst habe zeitweise in der Fremdenlegion gedient, erzählt er. Er hatte keinen guten Start ins Leben – meint der Galerist Egon Hassbecker – und er stolperte schon bei seinen ersten selbständigen Schritten. Vielleicht wirkte die Produktivität, die er in den letzten Jahren entwickelte, die aber inzwischen wohl wieder zum Stillstand gekommen ist, seiner geradezu autistischen Lebenshaltung entgegen.

Gerlinde Krauss

Geboren 1941 in Kolbermoor bei Rosenheim

Nach einer glücklichen Kindheit fand Gerlinde Krauss nach sorgfältiger beruflicher Ausbildung Erfüllung im Umgang mit Kindern. Wegen einer akuten Stimmbandentzündung erhielt sie vom Arzt sechs Wochen Sprechverbot und malte in dieser Zeit ihr erstes Bild. Das Malen machte ihr so viel Freude, daß sie bald ihren Beruf als Kindergärtnerin aufgab und sich nur noch ihrer Malerei widmete, ermutigt auch durch den Erfolg ihrer ersten Ausstellung 1965 in Zürich. Gerlinde Krauss malt Landschaftsbilder, Hirten, Mondnächte, Träume und Clowns. Immer wieder Clowns. Den ›Narren in Christo‹ fühlt sie sich wesensverwandt. Das eigentümliche Schweben ihrer Gestalten erinnert an Chagall, den sie sehr verehrt.

Abb. S. 49 **Lisa Kreitmeir**

Geboren 1935 in Oberammergau

Vor ihrer Verheiratung war Lisa Kreitmeir Theaterschneiderin. Durch ihren Mann der Oberammergauer Schnitzschule eng verbunden, begann sie 1965 zu malen. ›Aufgewachsen bin ich auf einem Bauernhof‹, erzählt sie, ›und ich denke, deshalb male ich auch viele Bilder mit bäuerlichen Themen, weil ich diese Welt sehr gut kenne und auch mag. Mein Vater und Großvater waren Jäger und Schnitzer, auch mein Mann ist aus einer Bauernfamilie. So ist mir das alles sehr vertraut. Meine anderen Bilder stammen aus den Erinnerungen an Reisen, hauptsächlich nach Frankreich und England, aber ich stelle fest, daß am Ende trotzdem alles ein wenig bayerisch wird...‹

▶
Max Raffler, Prozession. Sammlung Hans Holzinger, München. Aus: Th. Roth Greifenberg, Max Raffler. Heinz Moos Verlag, München

Max Raffler

Greta-Maria Scherzer, Der Gefangene

Manfred Söhl, Winter an der Elbe. 1976. Sammlung Hella Söhl

Abb. S. 52

Fritz Kükenthal

Geboren 1893 in Oberfranken; gestorben 1974 in Breitbrunn/Chiemsee

Schon als Junge trieb sich Fritz Kükenthal gern im Atelier seines malenden Großvaters herum. Das Studium der Architektur und seine Tätigkeit als Graphiker haben seine Beziehungen zur früh ausgeübten Malerei vertieft. Als sein großes Vorbild sah Fritz Kükenthal Pieter Breughel, und seine Bilder atmen die geistige Verwandtschaft mit dem großen Flamen. – Popularität wie viele andere naive Maler hat Fritz Kükenthal nicht genossen – und nicht gewollt. Er lebte still und bescheiden im Dörfchen Breitbrunn am Chiemsee, weitab vom Getriebe der großen Welt; nur gelegentlich wurde sein Alltag unterbrochen durch Reisen in die Lüneburger Heide zu seinen Kindern. Die Ausstellungen seiner Bilder haben stets Freunde veranlaßt, die von seiner Malerei begeistert waren. Die gezeigten Bilder fanden dann meist sehr rasch ihre Käufer.

Petra Moll

Geboren 1921 in Crumbach/Sachsen

Was Hector Trotin für Paris – das ist Petra Moll für München: eine Chronistin der Stadt, in der sie lebt und der ihre ganze Liebe gehört. Sie kam 1940 nach München und hat seither nicht aufgehört, diese Stadt und ihre Umgebung neu für sich zu entdecken. Durch zahlreiche Ausstellungen, vor allem auch im Ausland, und durch verschiedene Buchveröffentlichungen ist Petra Moll seit den frühen sechziger Jahren international bekannt. In ihre Bilder, die sehr viel Lebensfreude ausstrahlen, bezieht sie auch immer die Menschen mit ein; kaum einmal malt sie ein berühmtes Bauwerk allein, immer bevölkern buntgekleidete, fröhliche Menschen ihre Bilder. Auch außerhalb der bayerischen Metropole findet sie adäquate Themen: in Wasserburg am Inn, am Rhein und vor allem auf dem Montmartre, der schon immer die Maler aus allen Ländern angezogen hat.

Abb. S. 53

Eduard Odenthal

Geboren 1929 in Köln

In Stichworten schildert Eduard Odenthal seinen Lebenslauf: Geboren am 27. 10. 1929 in Köln als Sohn eines Händlers. 1936 Schulbeginn. 1944 Schulende. Beginn einer Schlosserlehre, nach einem Jahr abgebrochen, dann selbständiger Händler. 1958 Heirat. 2 Kinder. 1965 Beginn mit der Malerei. Weit über 100 Ausstellungen. Folgende Serien wurden gemalt: Rund um Köln. Tierserie. Teppichhändler. 2. Aktserien Paris. 2 Holland-Serien. Blicke aus dem Fenster. Sonnen-Serie. Die Musiker. Mühlen-Serie. Freinsheim-Serie. Kölner Kirchen. Deutsche Städte. Thomas-Serie.

Paps (Pseudonym für Waldemar Rusche)
Geboren 1882 in Naumburg; gestorben 1965 in Lilienthal bei Bremen
Paps war Chefarzt der Augenabteilung eines großen Krankenhauses in Bremen. Das Vakuum der Pensionierung begann er im Alter von siebzig Jahren mit seiner Arbeit an der Staffelei auszufüllen, angeregt durch seine Tochter, die Malerin ist. Er malte mit minuziöser Präzision ausschließlich aus der Erinnerung. Damit ihm die Details gelangen, benutzte er wie früher bei den chirurgischen Eingriffen am Auge seine Operationslupe. So malte er Reminiszenzen aus seiner Zeit als Schiffsarzt – Erinnerungen an Norwegen, das Land der Mitternachtssonne, an das vor Leben überquellende Hongkong, an das fremde, geheimnisvolle Japan. Aber auch seine norddeutsche Heimat mit ihren roten Ziegelbauten, dem Wattenmeer und den Halligen, den Häfen mit ihren Schiffen aus aller Welt hielt er in seinen Bildern fest. Malen, so meinte er, der erfahrene Arzt, ist das beste Mittel, um dem Alter davonzulaufen.

Max Raffler *Abb. S. 55*
Geboren 1902 in Greifenberg (Deutschland)
Schon als Kind wollte Max Raffler Maler werden, aber nach dem Willen des Vaters, der Bürgermeister und Landwirt in Greifenberg war, sollte der Max zusammen mit den Geschwistern den Hof übernehmen. Nach dem Besuch der Volksschule wurde Max Raffler dann in der Tat Landwirt, doch jede freie Minute nutzte er zum Malen. Er malte auf jedes Papierstück, das ihm in die Hände kam, auch auf Amtsformulare der Bürgermeisterei oder auf alte Papiersäcke. Viele dieser Arbeiten sind im Lauf der Jahre verlorengegangen, was sich noch erhalten hat, sammelte Toni Roth und machte es den Kunstinteressierten zugänglich. Raffler ist ein guter Naturbeobachter, doch seine Bilder malt er ausschließlich aus der Vorstellung und nie direkt nach der Natur: Pflanzen, die Arbeit der Bauern und ihre Arbeitsgeräte, Dorffeste und bäuerliches Brauchtum, Bilder aus der biblischen Geschichte und Tiere, immer wieder Tiere. Max Raffler, der Junggeselle, lebt heute mit seinen beiden Schwestern noch immer auf dem väterlichen Hof.

Greta-Maria Scherzer *Abb. S. 56*
Geboren 1935 in Riga
Bereits 1939 verließ sie ihre Heimat und lebt seitdem in Ottobrunn bei München. Ihr naturwissenschaftliches Studium – Greta-Maria Scherzer lehrt als Realschullehrerin die Fächer Mathematik und Physik – ist sicherlich nicht ohne Einfluß auf ihre Malweise geblieben, die ein Gespür für das Maß verrät. Sie hat die alte, volkstümliche Technik der Hinterglasmalerei für sich neu entdeckt. Ihre Bilder sind durchweg von tiefer, symbolischer Bedeutung. Greta-Maria Scherzer malt in ihrer Freizeit seit 1966.

Friedrich Schröder-Sonnenstern

Geboren 1892 in Tilsit

Erst mit 57 Jahren ist Friedrich Schröder-Sonnenstern in der Kunstwelt bekannt geworden, nachdem er innerhalb und außerhalb verschiedener Heilanstalten Furore gemacht hatte. 1920 eröffnete er in Berlin ein vielfrequentiertes Institut und betätigte sich als Astrologe und magnetopathischer Heiler, in München gründete er einen spiritistischen Zirkel, um dann anschließend die Badeorte der Ostseeküste zu verunsichern. 1930 wurde er erneut in eine Heilanstalt eingewiesen, wo er seine ersten Bilder malte. 1937 wurde er entlassen, überstand den Krieg und begann 1949 seine bemerkenswerte Karriere. Gefeiert und umworben, beschimpft und ausgenützt, wird er fast zwanzig Jahre später wieder in eine Heilanstalt gebracht, in der er heute noch lebt.

Abb. S. 57 **Manfred Söhl**

Geboren 1942 in Melno Kreis Graudenz

Schon als Junge hatte Manfred Söhl gern gemalt. Mit Mutter und Schwester kam er nach dem Krieg in ein kleines Dorf in Norddeutschland und später nach Hamburg. 1962 lernte Manfred Söhl ein Mädchen kennen. Das junge Mädchen malte; und ihr zuliebe versuchte dies der Zwanzigjährige, der inzwischen die Polizeischule absolviert hatte, ebenfalls, zunächst mit Deckfarben auf Papier, dann mit Ölfarben auf Leinwand. Manfred Söhl zeigte seine ersten fünf Bilder im Rahmen einer Gemeinschaftsausstellung naiver Künstler 1966 in einer Hamburger Galerie, zwei Jahre später stellte er dann erneut, zusammen mit vier anderen Malern, aus. Diesmal waren es bereits fünfundzwanzig Bilder. Heute kennt man seine Werke nicht nur in der Bundesrepublik, auch im Ausland hat er sich bereits mit seinen Landschaftsbildern und seinen Szenen aus dem Hamburger Hafenmilieu einen Namen gemacht.

Abb. S. 61 **Rudolf Stapel**

Geboren 1925 in Hamburg

Rudolf Stapels erste Malversuche aus dem Jahr 1950 – sie entstanden während einer längeren Periode der Arbeitslosigkeit – sind noch keine eigenen Arbeiten. Er versucht sich zunächst im Kopieren. Als ein Arbeitskollege aber eines Tages ihm eine vortrefflich gelungene Spitzweg-Kopie abkaufen will, kommen Stapel plötzlich Bedenken. Darf man überhaupt kopieren? Ein Besuch bei Dr. Roskamp in der Hamburger Kunsthalle bestätigt seine Zweifel: Kopieren sollte man lieber nicht. Warum aber nichts Eigenes schaffen? Rudolf Stapel versucht es – es war im Jahr 1965 – und bereits seine ersten Bilder gelingen ihm so gut, daß sich bald namhafte Galerien für ihn interessieren. Dr. Roskamp ist ihm bis zu seinem Tode ein freundschaftlicher Berater. Stapel, bis dahin Kraftfahrzeugmechaniker, wechselt seine Beruf. Er wird Laborant bei der Schulbehörde

Rudolf Stapel, Toreinfahrt

und hat nun auch die Möglichkeit, sich auf Zeit beurlauben zu lassen, um sich noch mehr seiner Malerei widmen zu können. Die Bilder, die er malt, sind Darstellungen der See, ihrer Küste und all der reizvollen kleinen Dörfer und Städtchen Norddeutschlands. Diese Bilder sind relativ klein, die meisten 30 x 40 cm groß. Stapel liebt die kleinen Details, viele Stunden lang malt er an den Wellen der See, an einer gepflasterten Straße, am Mauerwerk einer alten Kapelle. Dabei hat er eine eigene Technik entwickelt: Er malt diese Kieselsteine, die Pflastersteine und Ziegel nicht auf den Untergrund auf, er holt sie aus dem Grund heraus. Dabei wirken diese Steinflächen nie monoton, man ist jedesmal überrascht von der Vielfalt der Farbnuancen, und man spürt daraus, daß Stapels so minuziös gemalte Bilder unter einem glückhaften Zwang entstanden sind, dem sich auch der Beschauer nicht entziehen kann.

Emma Stern

Geboren 1878 in St. Wendel (Saar); gestorben 1969 in Paris

Emma Stern betrieb mit ihrem Mann in Lebach (Saar) ein Textilgeschäft, das sie nach dem Tod des Lebensgefährten allein weiterführte. 1935 sah sie sich gezwungen, alles zu verlassen, was sie sich aufgebaut hatte, nach Paris zu emigrieren und dort noch einmal ein neues Leben zu beginnen. Da sie es zu bescheidenem Wohlstand gebracht hatte, konnte sie sich dieses neue Leben so einrichten, wie sie es wollte. Und so begann sie, ums Jahr 1948, im Alter von siebzig Jahren, zu malen. Nach ihrer ersten Ausstellung 1954 in Paris wurde sie in Frankreich rasch bekannt. Zehn Jahre später wurde ein Film über ihr Leben und ihre Malerei in Venedig preisgekrönt. Von ihren Töchtern ermuntert, schuf Emma Stern bis zu ihrem Tod im Jahr 1969 eindrucksvolle Bildwerke, die zu den bedeutendsten der naiven Kunst der Gegenwart zählen.

Abb. S. 63

Carl Christian Thegen

Geboren 1883 in Bad Oldesloe/Holstein; gestorben 1955 in Bad Oldesloe

Carl Christian Thegen steht mit Adalbert Trillhaase am Anfang der naiven Malerei in Deutschland. Er erlernte das Metzgerhandwerk und schloß sich mit neunzehn Jahren einem Wanderzirkus an. Nach dem Ersten Weltkrieg verdiente er sich sein Brot als Gelegenheitsarbeiter. 1933 begann er zu malen, von 1939 bis 1947 war er in einer Pflegeanstalt untergebracht. Danach vagabundierte er in der Gegend von Lübeck und lebte von gelegentlicher Arbeit. Thegen hat mit eigenwilliger formaler Sicherheit seine Bildinhalte auf eine elementare Stufe reduziert. ›In seinen Bildern scheinen die bildnerischen Urformen des Menschen wiederzukehren‹ (Zimmer).

Carl Christian Thegen, Gleich ist er geliefert. 1939. 50 x 77 cm.
Galerie Elke und Werner Zimmer, Düsseldorf

Adalb. Trillhaase

Josef Wittlich, Königin Elisabeth von England. Gouache. 110 x 103 cm. Sammlung Dr. Honisch/Folkwang Museum, Essen

◀

Adalbert Trillhaase, Marokkanerinnen. Öl auf Leinwand. Nachlaß Chichio Haller. Aus: J. Roh, Adalbert Trillhaase. Verlag Aurel Bongers, Recklinghausen

Abb. S. 64

Adalbert Trillhaase

Geboren 1859 in Erfurt; gestorben 1936 in Königswinter

Nur ein naiv Glaubender wie Trillhaase kann sich in unserem realitätsorientierten Jahrhundert in kindlicher Unbefangenheit an den Themenkreis des Alten Testaments wagen. Der aus gut bürgerlicher Familie stammende Trillhaase sollte zunächst nach dem Wunsch der Eltern Kaufmann werden. Doch mangelnder Wirklichkeitssinn verschloß ihm eine erfolgreiche Laufbahn in diesem Beruf. Glücklicherweise war seine Frau, die er 1890 heiratete, sehr vermögend, so daß er nach dem Tod des Schwiegervaters nur noch als Vermögensverwalter zu fungieren hatte und jetzt endlich Zeit fand, sich ganz seinen Neigungen hinzugeben. Er las sehr viel: antike Sagen, Reiseberichte und immer wieder das Alte Testament. Spät erst, 1918, begann er zu malen. Sein erstes Bild zeigt einen röhrenden Hirsch, originell in der Darstellung. Seine Bilder strahlen etwas eigentümlich Halluzinatorisches aus, sie sind Vision und Bekenntnis zugleich. Trillhaase lebte lange Zeit in Düsseldorf und hatte Kontakt zu vielen malenden Zeitgenossen. Trotzdem blieb er in seiner Malerei stets Einzelgänger und war durch keine Zeitströmung zu beeinflussen.

Abb. S. 65

Josef Wittlich

Geboren 1903 in Glattbach bei Neuwied

Durch Krieg und Nachkriegszeit gingen leider fast alle frühen Arbeiten Wittlichs verloren. Und durch eine Verletzung der Hand konnte er lange nicht mehr malen. So stammen fast alle Bilder, die man von ihm kennt, aus den Jahren nach 1957. Er steht außerhalb jeder Zeitströmung, und seine Bilder weisen alle Eigenschaften naiver Malerei auf: liebevoll ausgemalte Details, bei denen die erkennbare Fotovorlage nach eigenen Vorstellungen abgewandelt, vereinfacht oder ergänzt wurde. Der vielen Naiven eigene ›horror vacui‹, der sie den leeren Raum stets durch viele Nebensächlichkeiten ausfüllen läßt, ist auch bei Wittlichs Bildern erkennbar. Bis aufs kleinste Fleckchen sind sie mit Aktion angefüllt. Dazu trägt vor allem bei, daß Wittlich die Figuren am unteren Rand und seitlich anschneidet und seine Bildränder individuell gestaltet.

Der einfache Mann hat selten ein Museum besucht und sich um die moderne Kunst schon gar nicht gekümmert. Er hat sein ganzes Leben zwischen seinem Arbeitsplatz in der Fabrik und einem alten Küchentisch, auf dem er zu malen pflegte, geteilt. Hier entstanden seine Soldatenbilder, hier malte er königliche Familien, elegante Empfänge und Militärparaden, deren Motiv er Illustrierten entnommen hat, und die vielen flächig angelegten Frauenbildnisse. Bei Wittlichs Bildern ist die Farbe stets dominierendes Element.

Frankreich

Als Picasso im Jahre 1908 für seine Künstlerfreunde vom Montmartre eines der damals sehr beliebten Atelierfeste gab, konnte er nicht ahnen, daß dieses später als ›Bankett‹ bezeichnete Fest so berühmt werden sollte; nicht nur, weil Picasso der Gastgeber war, sondern weil er zu diesem Abend Henri Rousseau eingeladen hatte. Der Dichter Guillaume Apollinaire, der Rousseau gut kannte und ihm für das Bild ›Die Muse inspiriert den Dichter‹ später Modell gestanden hat, vermittelte die Einladung. Man versprach sich ein besonderes Gaudium, da Rousseau in dem Ruf stand, ein verschrobener, weltfremder Phantast zu sein. Der selbstbewußte Rousseau indes trat mit der ihm eigenen Würde auf und fühlte sich als der gefeierte Mittelpunkt des Abends. Ihm zu Ehren hatte man eine Art Baldachin errichtet, unter dem er den ganzen Abend saß – auch noch, als er eingenickt war und sich auf seinem Hinterkopf allmählich ein kleiner Kegel von herabtropfendem Kerzenwachs bildete. Die Tatsache, daß man ihn auf solche Art feierte, ließ ihn die ablehnende Haltung der Öffentlichkeit vergessen, und die vermeintliche Anerkennung zeitgenössischer Künstler bestätigte ihn in seinem Bewußtsein, ein großer Maler zu sein. *Picassos Bankett*

Der 1844 geborene Henri Rousseau war der erste namentlich bekannte Franzose, der aus der Anonymität der naiv Schaffenden heraustrat, als er 1886 im Pariser Salon des Indépendants ausstellte. Doch der ersehnte Erfolg blieb aus, als einziger verteidigte ihn Toulouse-Lautrec. Auch die von Rousseau selbst so oft gerühmte Freundschaft mit Picasso war recht einseitig. *Rousseaus Bedeutung*

Heute nimmt Rousseau unbestritten den höchsten Rang unter den Naiven ein. Broch hat ihm mythische Naivität zugesprochen, die es ihm möglich mache, das Dasein in verklärtem, reinem Licht und zugleich in einer Art unschuldigem Raffinement darzustellen. Genau wie Kafka als Dichter, setzt Rousseau als Maler den drohenden Mächten der modernen Welt als Ausdruck der Hilflosigkeit den kindlichen Mythos entgegen. Wie hoch Rousseau heute im Ansehen steht, läßt sich am Marktwert seiner Bilder ablesen.

Viele der bekanntesten Werke Rousseaus hängen nicht in Paris, sondern sind verstreut über die bedeutendsten Museen der Welt: Sein berühmtes Selbstporträt aus dem Jahr 1890 hängt in Prag, ›Der Traum‹ und die ›Schlafende Zigeunerin‹ im Museum of Modern Art in New York, ›Der Dichter und seine Muse‹ im Kunstmuseum Basel, der ›Tropische Dschungel‹ in Washington, ›Der Schriftsteller Pierre Loti‹ in Zürich. Der Deutsche Wilhelm Uhde, der als Kunsthändler in Paris lebte, war einer der ersten, der den künstlerischen Wert der Bilder Rousseaus erkannte, sich mit dem Maler anfreundete und auch bis zu Rousseaus Tod 1910 treu zu ihm hielt. 1909 veranstaltete Uhde auch die erste und einzige Einzelausstellung Rousseaus zu seinen Lebzeiten. *Abb. S. 78*
Abb. S. 79

Rousseaus Einnahmen aus seinen Bildern waren kärglich. Doch bereits vier

Jahre nach seinem Tod lag der Handelswert bei etwa 1500 Francs, sieben Jahre später bei 7000 und weitere vier Jahre später bei 400 000 Francs.

Wilhelm Uhde, der große Mäzen

Nachdem Wilhelm Uhde schon im Jahr 1911 die Biographie Rousseaus veröffentlichte, begann man sich in Paris zunehmend für den ›Zöllner‹ und seine Bilder zu interessieren. Und so war es nur natürlich, daß auch andere Naive den Weg in die Öffentlichkeit fanden. Wieder war es Wilhelm Uhde, dem das Verdienst gebührt, die unmittelbaren ›Nachfolger‹ Rousseaus entdeckt und gefördert zu haben: André Bauchant, den Gärtner aus der Touraine, Camille Bombois, den Jahrmarktsringer; den Postbeamten Louis Vivin und Séraphine Louis, Zugehfrau im Hause Uhde. 1928 stellte Wilhelm Uhde in der Pariser ›Galérie des Quatre Chemins‹ die Bilder dieser vier zusammen mit den Bildern Rousseaus dem Pariser Publikum vor: die Urwaldbilder Rousseaus, deren grüne Dschungel den Beschauer magisch anziehen, seine statuenhaften Porträts, seine gemalten Träume von einer schöneren Welt. Daneben die prallen, fleischfarbenen Akte, die Zirkusathleten und muskelstrotzenden Helden des Camille Bombois, die bunten Blumenbilder und die geheimnisvollen mythologischen Darstellungen des André Bauchant, Vivins sorgfältig, bis ins kleinste Detail ausgeführten Kathedralen und Brücken, Denkmäler und Straßenzüge und dazu die überquellenden Blumengebilde, die stilisierten Blattornamente der vom Leben enttäuschten Séraphine.

Abb. S. 77
Abb. S. 72
Abb. S. 69
Abb. S. 84
Abb. S. 83

Zu den französischen Naiven der zweiten Generation, die im letzten Viertel des 19. Jahrhunderts geboren wurden, zählen Dominique-Paul Peyronnet, dessen Lieblingsmotiv die Frauen sind; Dominique Lagru, Hirte und Bergarbeiter, der mit unerschöpflicher Phantasie sowohl Monster aus prähistorischer Zeit als auch düstere Zukunftsvisionen ins Bild bannte; Aloys Sauter, Möbeltischler aus Montreuil, in dessen denkmalhaft strenge Bilder mitunter eine surrealistische Komponente dringt; Léon Greffe, gebürtiger Belgier, der seine Wahlheimat Paris in immer neuen, anmutigen Bildern verewigt. Auch für Ernest Brey, den Schuhfabrikanten aus Blois, für die nach der Natur malende Fernande Grossin, für Hector Trotin und Simon Schwartzenberg, den Altwarenhändler Marcel Lamy und den Fleischer André Bouquet, für René Rimbert, den bescheidenen Postbeamten, ist Paris mit seinen herrlichen Kirchen, verträumten Winkeln und himmelansteigenden Treppen schönstes und immer wieder von neuem begeisterndes Motiv.

Abb. S. 75
Abb. S. 81

Jules Lefranc dagegen, der wie Rousseau aus dem Städchen Laval stammt, fühlt sich mehr von der Technik angezogen. Eiffelturm und Bahngleise, Maschinen und Apparate finden sich in seinen Bildern.

▶

André Bauchant, Der Gärtner (Selbstporträt). 1922. Öl. 93 x 59 cm. Sammlung Franz Meyer, Zürich. Aus: A. Jakovsky, Peintres naïfs. Basilius-Presse AG, Basel

A Bauchant
1922

Versponnen romantisch und wie verzaubert wirken die Schlösser, Burgen und Gärten des Jean Schubnel. Auch Narcisse Belles liebevoll ausgeführte Bilder führen in Märchenreiche und Paradiese. Immer wieder ans Meer zieht es den ehemaligen Matrosen Emile Blondel, Schiffe und Häfen sind sein Lieblings-
Abb. S. 71
thema. Auch Pierre Blanor liebt das Meer; auf vielen seiner Bilder wetteifern bunte Segel mit den symmetrischen Wellen und den weißen, oft den ganzen Himmel überziehenden Wolkenbildern.

Nach den großen Klassikern

Maurice Grimaldis – mit Grim signierte – Bilder sind die gewissenhaft bis ins Detail durchgearbeiteten Träume eines Postbeamten vom schöneren Leben in einer friedlichen Welt.

Gegen Krieg und Ungerechtigkeit demonstriert Louis-Auguste Dechelette mit seinen frühen, während des 2. Weltkriegs entstandenen Bildern; nach dem Krieg ist seine Palette nur noch von heiterer Art: Musikanten und Clowns, Brautpaare und Festzüge füllen jetzt seine Leinwände.

International bekannt durch viele Ausstellungen wurden Jean Eve und Jean Fous. Während Eve sich an Künstlern wie Courbet und Monet orientiert, ihnen nachzueifern sucht und dabei eine erstaunlich hohe malerische Qualität erreicht, ohne aber je seine Naivität zu verlieren, sind die Bilder des Trödlers Jean Fous – fröhliche Szenen, die in epischer Breite das bunte Leben auf dem Flohmarkt schildern – unkompliziert und von überschäumender Phantasie.

Sorglos und heiter muten auch die farbenfrohen Bilder der in den USA geborenen Gertrude O'Brady an. Nach ihrer Übersiedlung nach Paris und nach dem Ausbruch einer heimtückischen Krankheit suchte sie malend Umwelt und Leid zu vergessen. Etwa fünf Jahre gab ihr das Schicksal, dann war der Quell ihrer Inspiration plötzlich versiegt.

Krieg und Gefangenschaft bedeuteten für Aristide Caillaud die große Wende in seinem Leben. Seitdem malt er: skurrile Bilder in expressionistischer Pinselschrift, traumhafte Motive, die der Wirklichkeit entrückt sind.

Anselme Boix-Vives ist gebürtiger Spanier, der aber schon in jungen Jahren nach Frankreich kommt. Seine Bilder, angesiedelt zwischen Art brut und naiver Malerei, sind Niederschriften voller Emotionen und von einer kraftvollen
Abb. S. 87
Unbändigkeit. Ähnlich strukturiert sind auch die Bilder von Germain Vandersteen.

Ebenfalls im Schatten der Art brut entstanden sind die Bilder und die bemalten
Abb. S. 73
Reliefs des Mario Chichorro, eines aus Portugal nach Frankreich übersiedelten Hilfsarchitekten und Landarbeiters. Es sind Tafeln, die zuweilen ein bestimmtes Thema aufzugreifen scheinen, doch die Symbolfiguren der einzelnen Felder ergänzen sich nicht zu einer fortlaufenden Geschichte; sie sind eher die überraschend auftretenden und schnell wieder entfliehenden Bilder eines Traums, der gelegentlich zum Alptraum wird.

Seit frühester Jugend herumgestoßen, Vollwaise und der öffentlichen Armen-

Pierre Blanor, Die Brücke. Sammlung Heinz E. Hirscher, Stuttgart

Mario Chichorro, Die Schöpfung ist eine Reise, unternommen in den Irrsinn. 60 x 40 cm. Galerie Egon Hassbecker, Eberbach

◀
Camille Bombois, Die Badenden. Öl 81 x 65 cm. Aus: A. Jakovsky, Peintres naïfs. Basilius-Presse AG, Basel

pflege zugewiesen, hatte André Demonchy ein freudloses Leben hinter sich, bis er eines Tages spontan seine ersten Bilder verfertigt, um später einer der erfolgreichsten und bekanntesten Naiven Frankreichs zu werden.

Eine Sonderstellung in der naiven Malerei Frankreichs nimmt Raoul Perrenoud ein. Der Maler, der in den ersten Jahren seines Lebens blind war, arbeitet nicht mit dem Pinsel, sondern trägt seine Farben mit den Fingern auf. Von ihm kennt man hauptsächlich reliefartige Porträts von großer Intensität.

Mit viel Geduld entwickelt Charles Lucien Pinçon seine großangelegten Schilderungen von Festen und Ereignissen, die das Dorfleben bereichern. Er ist einer der wenigen naiven Maler, die direkt nach der Natur malen; in die oft bei Wind und Wetter entstandenen Kulissen der Landschaft integriert er dann eine bunte Menge fröhlicher Menschen.

Französische Naive von heute

Auch Lucien Vieillard, 1923 in Toulouse geboren, Jurist und Chef der Rechtsabteilung einer großen Firma, hat Landschaften und Städtebilder geschaffen, Landschaften aber, in denen er stets den Menschen ausgeschlossen hat. So läßt er trotz der freundlichen Frische, die aus den Bildern spricht, eine unwirklich anmutende Traumwelt entstehen.

André Salaün ist Postbeamter. In seiner Freizeit malt er farbenprächtige Umzüge, die er durch das graue Häusermeer seiner Städte ziehen läßt. Er zählt zur jüngeren Generation der französischen Naiven, die in den letzten Jahren erst international bekannt wurden.

Dasselbe gilt auch für die in Orléans lebende Jacqueline Benoit, die Berglandschaften, Szenen aus dem Leben in der Stadt und gelegentlich auch Aktbilder malt, und für Robert Broussolle, den ehemaligen Drucker aus Paris, der heute in der Camargue eine Hühnerfarm betreibt und sehr differenziert angelegte, aber unverfälscht naive Bilder schafft. Beide Maler haben in jüngster Zeit auf internationalen Ausstellungen große Beachtung gefunden.

Biographien (Frankreich)

Abb. S. 69

André Bauchant

Geboren 1873 in Château Renault/Indre-et-Loire (Frankreich); gestorben 1958 in Montoire/Loire-et-Cher (Frankreich)

André Bauchant war Gärtner, wie es auch sein Vater gewesen war. Er ist sein Leben lang diesem Beruf treu geblieben, auch dann noch, als er schon der berühmte Maler war, zu dessen Freunden Künstler wie Le Corbusier und Lipchitz zählten. Seine Liebe zur Natur und seine Hinneigung zur Mythologie prägten seine Bilder, die in ihrem Aufbau an die Meister des Mittelalters erinnern. Er begann mit 43 Jahren zu malen. Erste Anregungen dazu gab eine Ausstellung der Schönen Künste im Grand-Palais in Paris, eine Ausstellung, die er

Dominique Lagru, Vorgeschichte – Reptilien. 1956.

auf seiner Hochzeitsreise mit Alphonsine zusammen besuchte. Kurze Zeit später brach der Erste Weltkrieg aus, an dem Bauchant als Geodät teilnahm. Drei Jahre nach Beendigung des Krieges stellte Bauchant dann zum erstenmal im berühmten Salon d'Automne aus. 1927 machte er die Bekanntschaft von Wilhelm Uhde, und im selben Jahr bestellte Diaghilew die Bühnenbilder zu seinem Ballett ›Apollon-Musagète‹ bei Bauchant. Dem Maler, der vorher weder das Ballett Diaghilews noch Strawinskys Musik dazu gekannt hatte, gelang mit seiner Bühnendekoration der große Wurf, so daß er mit einem Schlag in aller Munde war. Er konnte die Früchte seiner Berühmtheit noch lange genießen, seine Bilder verloren indes in den späteren Jahren viel von ihrer Unmittelbarkeit.

Abb. S. 71
Pierre Blanor

Lebensdaten sind nicht bekannt

In der Nähe von Paris lebt Pierre Blanor. Der frühere Handelsvertreter, heute Rentner, Großvater und Urgroßvater, wurde in Frankreich durch einige Ausstellungen bekannt, in Deutschland durch die Aktivitäten des Stuttgarter Malers Heinz E. Hirscher, der auch die Teilnahme Blanors an den Ausstellungen der Firma Eisenmann in Böblingen veranlaßte. Blanors Bilder, in sommerlich heiteren Farben gemalt, strahlen Lebensfreude und zugleich wohltuende Ruhe aus.

Abb. S. 72
Camille Bombois

Geboren 1883 in Venarey-les-Laumes/Côte d'or (Frankreich); gestorben 1970 in der Nähe von Paris

Camille Bombois hat sich in vielen Berufen versucht. Als Sohn eines Flußschiffers verbrachte er seine frühe Kindheit auf den Flüssen und Kanälen Frankreichs. Mit zwölf Jahren wurde er Hütejunge, dann Stallknecht. Seine Vorliebe, sich in seiner Freizeit als Ringkämpfer zu messen, veranlaßte ihn schließlich, sich einem Wanderzirkus anzuschließen. 1907 hatte dieser Zirkus in Paris seine Zelte aufgeschlagen. Bombois, des Wanderlebens müde, verdingte sich dort als Métroarbeiter, dann in einer Druckerei. Er arbeitete ausschließlich in Nachtschicht, um das Tageslicht für seine geliebte Malerei nutzen zu können. 1922 wagte er es, seine Bilder zum erstenmal der Öffentlichkeit zu zeigen – dort, wo alle unbekannten Maler ihre Werke zeigen: auf dem sogenannten Schinkenmarkt des Montmartre. Wilhelm Uhde, der Entdecker der bedeutendsten französischen Naiven, nahm Kontakt zu ihm auf und stand ihm fortan als Berater zur Seite. Bombois beschränkte sich bei seinen Motiven auf das, was er liebte, seinen Fluß, die Yonne, sich selbst als Zirkusathlet und immer wieder seine Frau: bei der Morgentoilette, nackt oder bekleidet, mit Strumpfbändern oder mit einer Blüte im Haar... Die Bilder des ehemaligen Ringkämpfers strotzen vor Vitalität und Lebensfreude. Seine Berühmtheit nahm rasch zu. Schon

Henri Rousseau, Sturm im Dschungel mit einem Tiger. National Gallery, London

Henri Rousseau, Selbstporträt. 1890.

Henri Rousseau, Der Traum. 1910. Öl auf Leinwand. 204 x 302 cm. Museum of Modern Art, New York/Nelson Rockefeller Fond.

1925 konnte er ausschließlich von der Malerei leben, denn er war nicht nur Künstler, sondern auch ein tüchtiger Geschäftsmann: Daß seine Bilder schön sind, wußte er; wichtig für den Preis war allein die Dimension. Zuerst errechnete er die bemalte Fläche, dann erst wurde der Preis festgesetzt. Der Preis seiner Bilder stieg von Jahr zu Jahr, die Bildgröße nahm ständig ab. Die letzten Bilder Bombois' sind durchweg kleinformatig.

Abb. S. 73

Mario Chichorro

Geboren 1932 in Portugal

Chichorro betrieb anfänglich Architekturstudien und half bei einem Architekten aus, wanderte 1963 in die Pyrenäen und arbeitet seit 1968 in Südfrankreich in der Landwirtschaft. Seine bemalten Reliefs sind schon vom Material her ungewöhnlich: Er arbeitet mit Preßspanplatten und Acrylfarben. Und schwer einzuordnen ist die künstlerische Richtung, die er eingeschlagen hat, schwer zu dechiffrieren die problemschwere Symbolik der Aussage. Ist dieser Künstler ein Visionär, ein Erleuchteter, ein Seher? Ergießt sich hier das Unterbewußte in bizarre Formen? Oder gerinnt in diesen Tafeln die Qual der seelischen Isolation?

Abb. S. 75

Dominique Lagru

Geboren 1873 in Perrecy-les-Forges/Saône-et-Loire (Frankreich); gestorben 1960 in Paris

Der frühverwaiste Dominique Lagru mußte sich sein ganzes Leben lang sein Brot mit harter Arbeit verdienen, zuerst als Hirte, dann als Bergarbeiter und von seinem 30. Lebensjahr an als Stukkateur. In einem Alter, in dem andere sich längst zur Ruhe gesetzt haben, mit 76 Jahren, begann Lagru, sich nach einer neuen Beschäftigung umzusehen. Lange Jahre hindurch hatte er sich für alles interessiert, was mit Paläontologie zusammenhängt, nun brachte er all das mit dem Pinsel leicht auf die Leinwand, was er sich in seiner Phantasie längst bis ins Kleinste ausgedacht hatte: die Zeit der Vorgeschichte. Üppige Vegetationen, Fabelwesen und fossile Tiere füllen seine Bilder aus. Aber auch die Zukunft beschwor er: er stellte sich den ersten Besuch auf dem Mars vor. All diesen Träumen und Visionen verlieh er fröhliche Farben, und seine Bilder erlangten rasch die Bewunderung des verwöhnten Pariser Kunstpublikums.

Abb. S. 77, 78, 79

Henri Rousseau, genannt der Zöllner

Geboren 1844 in Laval/Mayenne (Frankreich); gestorben 1910 in Paris

Jede Kunstgeschichte bezieht Henri Rousseau in die Reihe der großen französischen Maler ein. Der Streit, ob Rousseau noch als echter ›Naiver‹ zu betrachten sei oder ob seinen in Komposition und Farbgebung meisterhaften Bildern dieses Prädikat nicht mehr zukommt, dauert an.

Simon Schwartzenberg, Padua. Öl auf Leinwand. 90 x 116 cm. Sammlung Novotny, Offenbach

›Kirchenvater‹ der Naiven wurde Rousseau oft ironisierend genannt; fest steht, daß er in der gesamten Literatur über naive Malerei den höchsten Rang einnimmt. Wenn es auch nicht erwiesen ist, daß er wenigstens zeitweise akademischen Unterricht genossen hat, so hat dieser Unterricht es dennoch nicht vermocht, die naiven Elemente in seinem Werk zu verändern.
Viele Geschichten und Geschichtchen ranken sich um die Gestalt des Zöllners. Angeblich soll er als Regimentsmusiker mit dem Expeditionskorps Napoleons III. in Mexiko gewesen sein. Dort, so nahm man an, hat er Ideen für seine Urwaldbilder gesammelt, Pflanzen und Tiere studiert, um sie hinterher auf die Leinwand zu bringen. Diese Ansicht ist heute widerlegt. Rousseau selbst war nie in Mexiko, dort war lediglich das Regiment, dem er später angehörte; die Urwaldserie wurde durch die häufigen Besuche des Malers im Pariser Jardin des Plantes angeregt. Das Leben Rousseaus verlief ohne besondere Höhepunkte. Als Angestellter des Pariser Stadtzolls – daher rührt sein Beiname – begann er eines Tages zu malen. Seine gelegentlichen musikalischen Kompositionen und seine literarischen Bemühungen waren durchaus dilettantischer Natur, doch waren seine Bilder von so großer Aussagekraft, daß selbst seine Nachbarn staunten, die sich regelmäßig in Rousseaus Wohnung trafen, um die Werke ihres malenden Mitbürgers zu diskutieren. 1885 wagte es Rousseau dann, zum erstenmal auszustellen. Die Ausstellung fand im Salon des Champs-Elysées statt und war für den Maler eins der deprimierendsten Erlebnisse. Das Pariser Publikum verlachte und verspottete ihn. Doch Rousseau gab nicht auf. Durch den Verlust seiner Frau Clémence tief getroffen, fand er nur noch Trost in seiner Malerei, und bereits im nächsten Jahr nahm er wieder an einer Ausstellung teil, die ebenfalls seine Gegner und Kritiker auf den Plan rief. Doch er hatte nun auch Freunde; bekannte Künstler wie Toulouse-Lautrec, Seurat und Pissarro verteidigten ihn. Später lernte er noch Picasso und Delaunay kennen und den Dichter Guillaume Apollinaire, der bald zu seinen besten Freunden gehörte und den Rousseau auch verschiedentlich porträtierte. Auch die Freundschaft zu Wilhelm Uhde war für Rousseau sehr wertvoll; Uhde hat 1911, ein Jahr nach dem Tod Rousseaus, seine Biographie veröffentlicht.
Rousseau hatte den Ehrgeiz, als realistischer Maler zu gelten. Besonders bei den von ihm zuweilen als Porträtlandschaften bezeichneten Bildnissen legte er deshalb größten Wert auf gegenständliche Wiedergabe. Das ging so weit, daß er mit dem Maßstab die Proportionen seiner Modelle abnahm. Das Ergebnis aber war nicht die von ihm so sehr angestrebte Realität, deren Erreichen ihm vor allem die Aufnahme in den Kreis akademischer Maler bringen sollte. Die Ergebnisse waren eigenständige Kunstwerke, die den Betrachter in ihrer anspruchsvollen Unmittelbarkeit noch heute fesseln. Das künstlerische Wirken hat Rousseaus kleinbürgerliches Milieu in geradezu poetischer Weise verwandelt und half ihm, sein an Enttäuschungen reiches Leben zu ertragen.

Séraphine Louis, genannt Séraphine de Senlis, Weintrauben. Öl auf Leinwand. 146 x 114 cm. Privatsammlung. Aus: A. Jakovsky, Peintres naïfs, Basilius-Presse AG, Basel

L. VIVIN

Simon Schwartzenberg *Abb. S. 81*

Geboren 1895 in Galata/Rumänien

Als kleiner Junge kam Simon Schwartzenberg nach Paris und geriet später ganz in den Bann dieser Kulturmetropole. Seine musische Begabung äußerte sich früh; er entwickelte sich zu einer feinsinnigen und empfindsamen Künstlerpersönlichkeit. Seine berufliche Tätigkeit – er leitete ein Wirkwarenunternehmen – ließ wenig Freiraum, er fand erst 1952 zur Malerei. Seine Bilder sind von bewegter Inbrunst und ungewöhnlicher poetischer Intensität. Er zählt zu den bedeutendsten authentischen Naiven unserer Zeit.

Séraphine Louis, genannt Séraphine de Senlis *Abb. S. 83*

Geboren 1864 in Arsy/Oise (Frankreich); gestorben 1942 in Clermont/Oise

In den gängigen Bildbeschreibungen der Werke der Séraphine Louis wird häufig von ekstatischen Veränderungen ihres Bewußtseinszustandes, ja, vom Ausdruck religiöser Inbrunst gesprochen. Hand in Hand damit gehen dann tiefenpsychologische Überlegungen, die in den üppig wuchernden Kompositionen persönlichkeitsfremde oder pathologische Bezüglichkeiten erkennen wollen. Daß die Blumen und Früchte in Séraphines Sträußen anders sind als in anderen Blumenstilleben, das allerdings ist für den Betrachter evident.

Als Wilhelm Uhde 1912 in das kleine Städtchen Senlis gezogen war, erfuhr er durch einen Zufall, daß seine Putzfrau Séraphine ein Doppelleben führte. Tagsüber arbeitete sie als Aufwartefrau, um sich ihren Lebensunterhalt zu verdienen. Abends und des Nachts und an Sonntagen aber malte sie.

Durch ihre Malerei hat sie ihrem grauen, eintönigen und von Beginn und Fortschreiten einer Geisteskrankheit überschatteten Leben einen Inhalt gegeben. So entstanden aus ihrer Phantasie bizarr geformte Blätter, Blüten und Früchte, zu einem Strauß gebunden oder aus einem braunen, behaarten Stamm hervorsprießend, mit langem, verästeltem Rankenwerk, schlingpflanzengleich in die Luft ragend. Die alte Putzfrau wandte sich kaum je einem anderen Motiv zu. Während des Malens hat sie sich in ihre kleine Kammer eingeschlossen; nie hat ihr jemand beim Malen zugesehen. Und dieses Geheimnisvolle, das die Entstehung ihrer Bilder begleitet, spiegelt sich auch in den Bildern selbst wider. So haben mit Recht einige Kenner ihren Platz unter den naiven Malern in Zweifel gezogen und dafür plädiert, sie unter die Surrealisten einzureihen. Zum Teil wird der Urgrund ihres Antriebs zur künstlerischen Betätigung auch im Bereich ihrer Geisteskrankheit beschlossen sein. Was aber immer sie zur Kreativität trieb, das Ergebnis ist in jedem Falle ein Kunstwerk ungewöhnlichen Ranges und seine Rubrizierung sekundär.

◀

Louis Vivin, Abends. Um 1930. Öl. 38 x 55 cm. Aus: A. Jakovsky, Peintres naïfs. Basilius-Presse AG, Basel

Hector Trotin

Geboren 1894 in Levallois-Perret/Seine (Frankreich); gestorben 1966

Schon der Junge kannte in seinem Arrondissement in Paris jede Straße, jeden Platz, jedes Denkmal und jede Gemüsefrau. Als er die Schule absolviert hatte, sollte er Zahntechniker werden. Doch zum Leidwesen seiner Familie zeigte er wenig Begeisterung für diesen Beruf. Da ihn Pinsel und Farbe viel mehr interessierten, gab man ihn in ein Dekorationsgeschäft, wo er Beruf und Liebhaberei in glücklicher Weise miteinander verbinden konnte. Und seit dieser Zeit hat er nie aufgehört zu malen: die Bouquinisten an den Ufern der Seine, den Vogelmarkt hinter der Notre-Dame, die Place du Tertre mit ihren vielen Malern und Bildern, die Marktfrauen in den Hallen, Moulin Rouge und Folies Bergères ebenso wie das kleine Bistro an der Ecke. Alle seine Bilder sind eine einzige Huldigung an seine Vaterstadt.

Abb. S. 87 **Germain Vandersteen**

Geboren 1897 in Versailles/Seine-et-Oise (Frankreich)

Vandersteen war seit einem grausamen Kriegserlebnis von andauernder Schlaflosigkeit gepeinigt. Der frühere Eisenwarenhändler und Besitzer einer Drogerie begann eines Nachts, als er wieder nicht schlafen konnte, zu malen. Zuerst waren es Darstellungen nach der Natur, dann mehr und mehr Träume, Allegorien und visionäre Bilder, die er auf die Leinwand bannte. Inspiriert durch die Musik, die er über alles liebt, entstehen bildgewordene Träume, in denen Blumen und Pflanzen aus einer Fabelwelt und imaginäre Katzen dominieren, deren Augen Blitze schleudern.

Abb. S. 84 **Louis Vivin**

Geboren 1861 in Hadel/Vosges (Frankreich); gestorben 1936 in Paris

Louis Vivin stellt man neben Rousseau, Bombois, Bauchant und Séraphine Louis zu den Klassikern der naiven Malerei in Frankreich. Viele Jahre lang hat er im Postwagen der Eisenbahn seine französische Heimat durchfahren und dabei kennengelernt. Alles, was er auf seinen vielen Fahrten gesehen hat, gibt er in präziser Darstellung wieder. Zwischendurch kopiert er auch ab und zu Postkarten. Louis Vivin wird 1922 pensioniert, von da an kann er sich ganz der Malerei widmen. Früh morgens um 5 Uhr beginnt er, auf den Malstock gestützt, mit seiner Arbeit vor der Staffelei. Nach dem Mittagessen geht er spazieren, dann malt er weiter bis in die Nacht hinein, Tag für Tag, Jahr für Jahr. Sein Tagesablauf wird von der gleichen Präzision bestimmt wie seine Malerei. Vivin hat es noch erlebt, daß seine Bilder bekannt wurden. Von Uhde im Jahr 1925 entdeckt, finden die Bilder von dieser Zeit an ihre Käufer. Doch nicht sehr lange kann der Maler die Früchte seines Ruhms genießen. Zwei Jahre vor seinem Tod muß er, teilweise gelähmt, seine geliebte Malerei aufgeben.

Germain Vandersteen, Katze mit Äpfeln. Öl auf Holz. 62 x 42 cm. Sammlung Joos Hutter, Basel. Aus der Zeitschrift ›Werk‹, Zürich

Jugoslawien

Unweit von Zagreb liegt das jugoslawische Dorf Hlebine. Es unterscheidet sich für den Besucher äußerlich in nichts von anderen Dörfern Jugoslawiens. Trotzdem wird es zuweilen das berühmteste Dorf des Landes genannt. Hlebine ist die Hochburg der naiven Malerei Jugoslawiens. Zur gleichen Zeit, als in Frankreich die ersten Kollektivausstellungen stattfanden, traten die Naiven von Hlebine über die Grenzen ihres Dorfes hinaus. Der Berühmteste von ihnen ist der heute 66jährige Ivan Generalić. Nach einer glückhaften Begegnung mit dem Zagreber Maler Krsto Hegedušić, der in Hlebine häufig malte, konnte Generalić bereits 1931 einige Bilder in Zagreb ausstellen. Schon als Hütejunge hatte Ivan Generalić viel mit Wasserfarben gearbeitet. Hegedušić zeigte ihm, wie man mit Ölfarben umgeht, welche Motive am bildgemäßesten sind, welche Farben am harmonischsten. Generalić lernte rasch und wurde bald selbst zum Lehrer. Es gibt in Hlebine und im benachbarten Gola eine ganze Anzahl Bauern, die in ihrer Freizeit malen: Franjo Mraz, der, wie später auch Generalić, vor allem Hinterglasbilder malt, Dragan Gaži, Ivan Večenaj, Mijo Kovačić, Martin Mehkek, Franjo Filipović und der Sohn Ivan Generalićs, Josip Generalić. Ebenfalls dem Kreis um Generalić gehörte der sehr begabte, früh verstorbene Mirko Virius an. An sein Sterben erinnert das ergreifende Bild von Generalić ›Der Tod meines Freundes Virius‹.

Abb. S. 95

Abb. S. 94, 107

Abb. S. 100

Umschlagbild

Zu den jüngsten Begabungen in Hlebine zählen der 1950 geborene Milček Barberov und die heute 24jährige Dragica Lončarić. Beide zeigen eine glückliche Hand in Motivwahl und Farbgebung und fallen auf durch ein ungewöhnliches zeichnerisches Talent.

Die Bilder aller Hlebiner Maler spiegeln das bunte Leben in einem jugoslawischen Dorf wider: die Arbeit auf dem Feld, im Weinberg, beim Fischen; das Dorf und seine Umgebung durch alle Jahreszeiten hindurch. Man sieht zwei Kühe und einen klapprigen Karren über samtig grüne Wiesen, vorbei an gelbblühenden Blumen und grotesk geformten Bäumen und Sträuchern fahren. Ein altes, verschrumpeltes Männchen mit einem Riesenschnauzbart zwinkert vergnügt zwischen überdimensionalen Butterblumen und hellen Schäfchenwolken dem Betrachter zu. Man lernt einen Muldenhauer bei seiner Arbeit kennen, einen alten Mann beim Holzsammeln und Hlebiner Bauern beim Rock and Roll.

Abb. S. 89

Das Dorf Kovačica wurde vor allem durch Zuzana Chalupova bei uns bekannt. Ihre Bilder geben die in sich ruhende Atmosphäre des Dorfes wieder; gleichzeitig zeigen sie die typischen Züge der jugoslawischen naiven Malerei auf: Sie bevorzugt satte, leuchtende Farben in meisterhaft abgestuften Nuancen, schenkt ihre besondere Aufmerksamkeit dem Detail, hat Freude am Ornamentalen und am alten Brauchtum ihrer Heimat.

Zuzana Chalupova, Morgens. 1969. Verlag Ernst Kaufmann, Lahr

Auch Jano Sokol findet alle Motive für seine Bilder in seinem Heimatdorf. Am liebsten malt er Festliches: Hochzeiten, Kirchenfeste und Erntebräuche. Helle, lichte Farben lassen die rechte Freude aufkommen, und die feierlich-ernsten Gesichter geben seinen Hochzeiten und Prozessionen die nötige Würde. Man lernt dabei die Volkstrachten des Banatdorfs kennen. Kovačica hatte als erstes Dorf Jugoslawiens eine eigene Galerie. Dort hängen heute die Bilder aller Maler aus Kovačica: die Werke von Zuzana Chalupova und Jano Sokol, Martin Jonaš, Jano Knjazović und Jano Strakušek, Mihael Bireš und Martin Paluška und der Brüder Jano und Ondrej Venjarski.

Während in Kovačica das Malen hauptsächlich den Männern vorbehalten bleibt, kennt man in Uzdin nur malende Frauen: Anuica Maran, Marioara Motorojescu, Florika Puia, Sofia Doclean, Florika Chet, Maria Balan, Anuta Dolama, Staluta Taran und Desanka Petrov. In ihren Bildern filtrieren sie gleichsam die Wirklichkeit, und ihre Phantasie fügt noch manches dazu, was den großen und kleinen Erlebnissen des Alltags Farbe gibt.

Krumme Türkensäbel, wilde Pferde, grimmige Gesichter und um Gnade flehende Männer – das ist eins der Hauptwerke der naiven Malerei Jugoslawiens: ›Der Kampf der Serben mit den Türken‹ von Janko Brašić. Brašić wohnt in Oparić, einem kleinen Ort zwischen Belgrad und Niš. Auch um ihn haben sich einige junge Maler wie etwa Miroslav Marinković und Miloslav Jovanović versammelt, und in letzter Zeit spricht man häufig von der ›Schule von Oparić‹.

Abb. S. 93 Der 1969 verstorbene Emerik Feješ, Altwarenhändler aus Novi Sad, gilt neben Vivin als der bedeutendste naive Architekturmaler. Weil er ein armer Mann war, malte er seine ersten Traumstädte mit den ausgefransten Enden von Streichhölzern.

Abb. S. 101 Ivan Rabuzins Bilder sind aus Tausenden kleinster Tupfenelemente zusammengesetzt, aus denen er in pastellfarbenen, verhaltenen Tönen seine märchenhaften Bilder formt: kugelige Berge und Wolken, übergroße Blüten, Dörfer, die in den Wolken schweben, Amphoren, aus denen seltsame Blattpflanzen hervorwachsen.

Auch Milan Rašićs Werk hat wenig mit jugoslawischer Bauernmalerei gemeinsam, obwohl er dieselben Themen aufgreift wie etwa die Malerinnen aus Uzdin: Alltag und Feiertag im Dorfleben. Seine Bilder, zusammengesetzt aus winzigen leuchtenden Farbtupfen, ähneln gestickten Bildteppichen.

Zu den international bekannten Naiven Jugoslawiens zählen auch die in Zagreb lebenden Maler Antun Bahunek, dessen aus Punkten und Strichen zusammengesetzte phantasievolle Bilder entfernt an Rabuzins Malerei erinnern;
Abb. S. 97 Ivan Lacković, der winterliche Schneelandschaften und die einsame Weite eines unendlichen Himmels in großartigen Hinterglasbildern kompositorisch
Abb. S. 105 verbindet. Auch der kürzlich verstorbene Matija Skurjeni mit seiner Vorliebe für Märchenvögel und Wundertiere lebte in Zagreb.

Die naive Malerei Jugoslawiens, seit 1952 staatlich gefördert, als ›jugoslawisches Wunder‹ (Jakovsky) gefeiert, in aller Welt zu stattlichen Preisen vertrieben, steht seit Jahren im Kreuzfeuer der Kritik. Man beklagt den ›Verlust der Unschuld‹ und prophezeit ihren Untergang. Doch mag auch mancher der vom Naiven-Boom hochgespülten Maler nicht mehr als dekorative Touristikfolklore produzieren, so leben in Jugoslawien dennoch naive Maler von Rang
Zu den außerhalb der berühmten Malschulen Stehenden gehört der auf einer Insel in der Nähe von Split lebende Fischer Eugen Buktenica. Als einer der wenigen Jugoslawen, die das Meer in ihren Bildern darstellen, malt er immer wieder die Adria in leuchtendem, frischem Blau. Diese Vorliebe für Blau zeigt sich auch in seinen Darstellungen vom Leben der Bauern und Fischer seines Dorfes.
Das Werk des Schiffskapitäns Vojo Radoičić erfreut durch seine fröhliche Farbigkeit und durch das unbefangene Nebeneinander einfachster, aufs Wesentlichste beschränkter Figuren. Die Landschaft in seinen Bildern gibt sich eher zurückhaltend; im Vordergrund stehen die phantasievoll angeordneten Häuser und Menschen, Schiffe, Flugzeuge, Tiere und Bäume.
Eine gleichsam lyrische Komponente in die erdgebundene, rustikale naive Malerei des Landes bringen Vangel Naumovski und Franjo Klopotan. Naumovski, der in all seinen Berufen – er war nacheinander Fleischer, Schäfer, Gärtner, Maurer, Schlosser, Wagenmacher und Eismann – nicht glücklich war, hat erst im Malen den Sinn seines Lebens gefunden. Um 1950 hat er begonnen, Landschaften und historische Themen zu gestalten, später widmete er sich nur noch der Welt seiner Träume und Visionen. Auch Franjo Klopotan, von Beruf Krankenwärter, sucht in seinen Bildern das Leid zu vergessen, das ihn täglich umgibt. Mit hellen Farben und seiner unerschöpflichen Phantasie erzählt er von einer besseren, glücklicheren Welt.

Abb. S. 96

Mitja Rojc, 1950 in Ljubljana geboren, setzt in der traditionellen bäuerlich-naiven Malerei seines Landes ebenfalls neue Akzente. Neben Darstellungen des Dorflebens widmet er sich vor allem der Tiermalerei.

Abb. S. 103

Von eigenartigem Reiz sind die zartfarbenen, meist schmalen, hochformatigen Kompositionen Pal Homonais. Das Thema seiner Bilder ist die Natur, sind Pflanzen und Tiere, die er harmonisch in eine stilisierte Landschaft einordnet.
Auch die Menschen und Tiere auf den Bildern des Ilija Bosilj-Bašicević haben keine Beziehung zur Wirklichkeit. Man denkt bei den buntfarbenen, ohne Zusammenhang zueinander stehenden Objekten auf seinen Bildern eher an Kinderzeichnungen als an herkömmliche naive Malerei.
An der Grenze zwischen naiver Kunst und einem ins Visionäre gesteigerten Expressionismus liegen die Bilder des Slowenen Jože Tisnikar. In dunklen, alptraumhaften Farben malt er starr blickende, gleichsam dem Totenreich entflohene Menschen und Vögel. Tisnikar arbeitet in der Prosektur eines Krankenhauses. Malend sucht er Leid und Tod zu begreifen und zu überwinden.

Biographien (Jugoslawien)

Abb. S. 89 **Zuzana Chalupova**

Geboren 1925 in Kovačica (Jugoslawien)

Seit über dreißig Jahren besteht die Schule von Kovačica, die der jungen Zuzana Chalupova viele Impulse für ihre eigene Arbeit geliefert hat. Schon als Kind waren Sticken und Malen ihre liebste Freizeitbeschäftigung. Nach ihrer Verheiratung bemalte sie Möbel und Wände ihrer Wohnung. 1964 stellte sie zum erstenmal in Kovačica ihre Bilder aus, die eine besondere Vorliebe für das Detail zeigen. Die Trachten ihrer Heimat stellt sie in allen Einzelheiten dar, sie beschreibt Szenen aus dem täglichen Leben und aus ihrer Umgebung. Die Bilder sind trotz der vielen Details klar im Aufbau und zeigen raffinierte Farbabstufungen. Der Betrachter findet zu diesen vielfach an Kinderzeichnungen erinnernden Kunstwerken sofort Kontakt.

Abb. S. 93 **Emerik Feješ**

Geboren 1904 in Osijek/Kroatien (Jugoslawien); gestorben 1969 in Novi Sad

Mit dreizehn Geschwistern zusammen wuchs Emerik Feješ auf. Schon als Junge träumte er davon, einmal die ganze Welt zu bereisen und fremde Städte, Länder und Kontinente kennenzulernen. Doch dieser Traum sollte sich nie erfüllen. Zwar arbeitete er zeitweilig in seinem Beruf als Knopf- und Kammacher in Belgrad, Zagreb, Maribor und schließlich sogar in Budapest. Doch bald kehrte er nach Novi Sad zurück, um es nie mehr zu verlassen. 45 Jahre war er alt, als er sich einen Altwarenladen kaufte und von nun an viel freie Zeit hatte. In den folgenden Jahren entstanden seine ersten Bilder. Lange schon hatte er Postkarten und Illustriertenbilder gesammelt. Jetzt begann er Traumreisen in alle Städte, nach Paris und Venedig, nach London und Basel, Worms und Amsterdam, zu unternehmen. Fast alle Abbildungen besaß er nur in Schwarz-Weiß, und er stellte sich vor, wie bunt diese Städte in Wirklichkeit wären. Seine Imaginationskraft setzte er in faszinierende Farbkontraste um. Stein um Stein baute er die Städte nach, deckte die Dächer mit vielen tausend Ziegelsteinen, zählte die Fenster, die Türen und die Schornsteine. Seine irrealen Architekturporträts erinnern in ihrer kindlich verspielten Exaktheit stark an die Bilder des naiven Klassikers Louis Vivin und entfernt auch an Nikifor. In seinen frühen Bildern hat Feješ zuweilen Interieurs, Porträts und Tiere gemalt. Die Motive dafür hat er dem bäuerlichen Leben entnommen. 1952 jedoch riet ihm der Maler Boško Petrović, keine Gesichter, sondern ausschließlich Architekturbilder zu malen. Diese Bilder dann machten Emerik Feješ in aller Welt bekannt.

▶
Emerik Feješ, Spalentor in Basel. Gouache. 68 x 45 cm. Sammlung Krug, Helmstadt-Bargen

SPALENTOR.
BASEL.
BASEL.

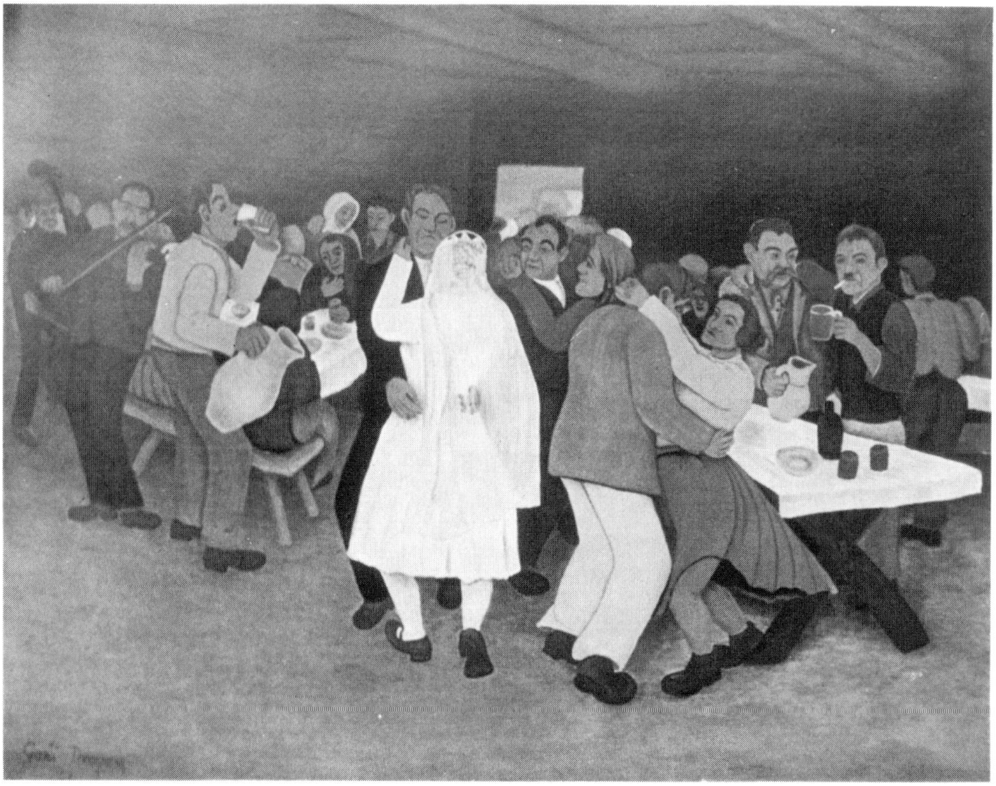

Dragan Gaži, Die Hochzeit. Aus: A. Jakovsky, Peintres naïfs. Basilius-Presse AG, Basel

Ivan Generalić, Bauernangelegenheiten. Hinterglasbild.
58 x 41 cm. Schweizerisches Museum für Volkskunde, Basel.
Aus der Zeitschrift ›Werk‹, Zürich

Franjo Klopotan, Im Zeichen des Krebses. 1974. 80 x 100 cm. Galerie Elke und Werner Zimmer, Düsseldorf

Ivan Lacković, Der Wanderer. Hinterglasbild. 34 x 29 cm. Sammlung Krug, Helmstadt-Bargen

Abb. S. 94 **Dragan Gaži**

Geboren 1930 in Hlebine/Kroatien (Jugoslawien)

Dragan Gaži besuchte fünf Jahre lang die Dorfschule von Hlebine und hat schon während seiner Schulzeit gern gezeichnet und gemalt. So war es ganz selbstverständlich für ihn, neben seinem Beruf als Bauer in seiner Freizeit auch jetzt noch viel zu malen. Ivan Generalić, der anerkannte Meister in Hlebine, zeigte ihm die Technik der Hinterglasmalerei, auch Hegedušić förderte sein Talent. Neben flächigen, sattfarbenen Landschaftskompositionen und der Darstellung dörflicher Szenen, alter Volksbräuche und Dorffeste widmete sich Gaži hauptsächlich dem Porträt. Neben Mehkek und Večenaj ist er der bedeutendste Porträtist unter den jugoslawischen Naiven, der es in unnachahmlicher Weise versteht, die individuellen Züge eines Gesichts herauszuarbeiten.

Abb. S. 95 **Ivan Generalić**

Geboren 1914 in Hlebine/Kroatien (Jugoslawien)

Ivan Generalić ist die zentrale Gestalt und mit dem Zagreber Kunstmaler Krsto Hegedušić der eigentliche Begründer der Hlebiner Schule. Als er dann mit Franjo Mraz zusammen sich zum erstenmal an einer Ausstellung beteiligte, die Hegedušićs Künstlergruppe ›Zemlja‹ (Erde), veranstaltete, war Generalić erst siebzehn Jahre alt. Doch schon früher, als Hütejunge, begann seine zeichnerische Betätigung. Später widmete er sich dann fast ausschließlich der Hinterglasmalerei. Unerschöpflich sind die Themen seiner Bilder: Bauernhochzeiten, Kirchweihfeste und Begräbnisse stellt er ebenso dar wie Bilder aus der Welt der täglichen Arbeit, dörfliche Wäscherinnen, Winzer bei der Weinernte, Bauern auf dem Feld und die Landschaft der Podrovina während der vier Jahreszeiten. Trotz seiner Berühmtheit ist Ivan Generalić auch heute noch seinem bäuerlichen Lebenskreis verhaftet. Nicht seine Bilder oder sein Atelier, sondern sein Hof mit allem, was dazugehört, sind der ganze Stolz des Bauern Generalić.

Umschlagbild **Josip Generalić**

Geboren 1936 in Hlebine/Kroatien (Jugoslawien)

Der zunächst im Schatten seines berühmten Vaters Ivan Generalić stehende Sohn hat es bald verstanden, eine eigenständige Malweise zu entwickeln. Vorbild ist nach wie vor sein Vater, auch die Technik hat er bei ihm erlernt. Josip hat an der Pädagogischen Hochschule in Zagreb studiert und wohnt und arbeitet heute dort als Lehrer, seine künstlerischen Impulse aber erfährt er aus der Bäuerlichkeit seiner Herkunft. Josip Generalić ist ein Meister des Details. Er hat sich eine spezielle Technik erarbeitet, indem er jeden Gegenstand scharf silhouettiert; die aus sich selbst heraus leuchtende Farbe läßt die Dinge glashart hervortreten. Die erste Einzelausstellung mit Bildern Josip Generalićs fand 1961 statt. Inzwischen zählt er zu den bekanntesten Naiven Jugoslawiens.

Franjo Klopotan *Abb. S. 96*

Geboren 1938 in Prešecno bei Marof/Kroatien (Jugoslawien)

Franjo Klopotan sagt über sich selbst: ›Am liebsten male ich Szenen aus dem dörflichen Leben und Bauern, denn zwischen ihnen bin ich aufgewachsen. Ich male aber auch gern die Welt des Spitals, weil ich dort lebe und arbeite.‹ Seit 1962 hat sich Klopotan immer mehr von der Darstellung bäuerlicher Motive entfernt. Die Sehnsucht nach fremden, fernen Ländern und nach einer heiteren, anmutigen Welt läßt ihn, der als Krankenpfleger täglich dem Leid begegnet, bevorzugt märchenhafte Motive, Schmetterlinge, Phantasieblumen und -vögel in leuchtend farbigen Landschaften darstellen.

Ivan Lacković *Abb. S. 97*

Geboren 1932 in Batinska-Podravina

Ivan Lacković gehört zum Zagreber Kreis der naiven Maler Jugoslawiens. Bis 1962 malte er auf Papier und Leinwand, um sich dann der Hinterglasmalerei zuzuwenden. Er hat die naive Ursprünglichkeit seiner ersten Bilder beibehalten können und setzt sich damit deutlich von der kommerziell orientierten Massenfabrikation so mancher naiver Jugoslawen ab. Lacković hat seinen Beruf als Briefträger nicht aufgegeben, aber in jeder freien Minute malt er. Er hat auch viele Bücher illustriert. Jakovsky nennt ihn den ›Dauphin der jugoslawischen Laienmalerei‹.

Dragica Lončarić

Geboren 1956 in Hlebine/Kroatien (Jugoslawien)

Schon als junges Mädchen von der Hlebiner Schule beeinflußt, setzte sich ihr ungewöhnliches zeichnerisches Talent bald durch. Mit vierzehn Jahren bereits erhält sie auf einer überregionalen Ausstellung einen Preis und gehört nun zu den führenden Malern der jungen Generation Jugoslawiens. Ihre Hinneigung zur Landschaftsmalerei ist besonders ausgeprägt. Sie bevorzugt gedämpfte Farben, die einen Hauch von Trauer über ihre Bilder breiten.

Martin Mehkek *Abb. S. 100*

Geboren 1936 in Novačka/Kroatien (Jugoslawien)

Schon als Kind bemalte Martin Mehkek jedes Papierstückchen, das ihm in die Hände kam. Der Vater war gestorben, als er acht Jahre alt war, so konnte er nur vier Jahre lang die Volksschule besuchen und mußte hart auf dem väterlichen Hof mitarbeiten. Erst 1953 entstanden dann seine ersten Bilder, zunächst auf Papier gemalt, dann arbeitete er in Gips, und schließlich ging er zur Hinterglasmalerei über. Das Zigeunerleben inspirierte ihn zu seinen ersten Bildern. 1955 begann er dann, hauptsächlich Menschen bei ihrer täglichen Arbeit zu malen. Die großflächig gemalten Bilder wirken sehr plastisch. Eindrucksvoll

Martin Mehkek, Die Überschwemmung. Hinterglasbild. 43 x 54 cm. Sammlung Krug, Helmstadt-Bargen

►
Ivan Rabuzin, Phantasieblume. Öl auf Leinwand. 59 x 47 cm. Sammlung Novotny, Offenbach

sind seine Landschaftsbilder, besonders wenn sie in drohenden Farben die Unbilden der Witterung darstellen. Seine Porträts tragen oft die Elemente der Karikatur.

Florika Puia
Geboren 1920 in Uzdin (Jugoslawien)
Im Banatdorf Uzdin, in dem hauptsächlich Rumänen leben, gilt die Bäuerin Florika Puia als eine der begabtesten Malerinnen. Und nicht nur in Uzdin. Durch viele Einzel- und Gruppenausstellungen wurde sie auch außerhalb Jugoslawiens bekannt. Die Menschen auf ihren Bildern tragen Nationaltrachten, buntfarbene, reichbestickte Röcke, Westen und Kopftücher. Weil sie fürchtet, daß diese Trachten eines Tages aus dem Straßenbild verschwinden könnten, hält Florika Puia sie in ihren Bildern fest.

Abb. S. 101 **Ivan Rabuzin**
Geboren 1919 in Kljnč bei Novi Marof (Jugoslawien)
Ivan Rabuzin ist der Sohn eines Bergarbeiters, der zusammen mit zehn Geschwistern in Kljnč aufwächst. Nach vierjährigem Besuch der Volksschule erlernt er den Beruf des Tischlers. 1958 findet die erste große Ausstellung seiner Bilder statt, die ihn sofort weit über Jugoslawien hinaus bekannt macht. Sein Lieblingsthema ist die Landschaft seiner Heimat. In ihr findet er durch alle Jahreszeiten eine überwältigende Fülle an Motiven, die er ins Märchenhafte transformiert. Dabei hat er einen ganz eigenen, unverkennbaren Stil entwickelt.

Abb. S. 104 **Nevenka Rehorović**
Lebensdaten nicht bekannt
Nevenka Rehorović verzichtet in ihren Bildern auf alle schönmalerischen Effekte. Sie malt nur das, was sie sieht. Und sie sieht vieles, was andere nicht des Malens wert finden: Menschen, die auf der Schattenseite des Lebens stehen; Situationen und Ereignisse, die das Leben schwer machen. Nevenka Rehorović, als Vertreterin einer neuen, realistischen Linie der jugoslawischen naiven Malerei der Gegenwart, gilt als vielversprechendes Talent.

Abb. S. 103 **Mitja Rojc**
Geboren 1951 in Ljubljana/Jugoslawien
Schon als junger Mann zeigte er eine außergewöhnliche zeichnerische Begabung, in Schülerwettbewerben errang er verschiedene Preise. Nach Absolvierung der Architektur-Mittelschule studierte Rojc Nationalökonomie, ohne jedoch seine künstlerischen Ambitionen aufzugeben. 1969 begann er auf Glas zu malen, 1970 wurden seine Bilder zum erstenmal auf einer Ausstellung gezeigt.

Mitja Rojc, Die Tigerkatze am Fenster. 1979. Öl auf Glas. 20 x 25 cm.
Galerie Charlotte, München

Nevenka Rehorović, Die Trinker. Hinterglasbild. 39 x 49 cm. Sammlung Krug, Helmstadt-Bargen

Matija Skurjeni, Samobor. Öl auf Leinwand. 68 x 92 cm. Sammlung Novotny, Offenbach

Abb. S. 105

Matija Skurjeni

Geboren 1898 in Veternića (Jugoslawien); gestorben 1978

Einer der wenigen außerhalb bekannter Malschulen stehenden jugoslawischen Naiven war der Anstreicher Matija Skurjeni. Der frühe Umgang mit Farben hat seine Liebe zur Malerei geweckt. Trotzdem hat er erst spät, nach seiner Pensionierung, zu malen begonnen. Am liebsten malte er die Natur, alte Burgruinen und immer wieder die Eisenbahn. Träume, Tag- und Nachtträume, hat er in seinen späteren Bildern eingefangen. Seine Technik, winzig feine Striche, mit spitzem Pinsel aufgesetzt, läßt den Betrachter diese Träume nachvollziehen. Die einzelnen Figuren seiner Bilder sind nicht scharf umrissen, wie bei den Impressionisten bleibt vieles nur angedeutet. Über allen seinen Malereien liegt eine leise Schwermut und eine Sehnsucht nach Ferne, die unerfüllbar scheint.

Jože Tisnikar

Geboren 1928 in Mislinje bei Slovenj Gradec (Jugoslawien)

Bittere Armut und die Trunksucht des Vaters haben Tisnikar schon in früher Jugend mit den Schattenseiten des Lebens vertraut gemacht. Auch er selbst war jahrelang dem Alkohol verfallen, und einige seiner Bilder sind im Delirium entstanden. Doch diese Zeit ging vorüber. Entziehungskuren, Freunde, die ihn nicht im Stich ließen, und seine Malerei halfen ihm über diese schweren Zeiten tiefster Depression. Etwa um 1970 war Tisnikar wieder Herr seiner selbst. Er widmet sich seitdem mit Hingabe seinen beiden Lebensaufgaben: seiner Malerei und seiner Arbeit in der Prosektur eines Krankenhauses, die ihn mit dem Sterben und dem Tod vertraut macht und aus der sich wohl auch das Dunkel-Tragische und Kafkaeske seines Werks herleiten läßt.

Abb. S. 107

Ivan Večenaj

Geboren 1920 in Gola/Kroatien (Jugoslawien)

Als Ältestem von sechs Kindern konnten ihn die Eltern nur vier Jahre lang zur Schule schicken. Danach benötigte man seine Arbeitskraft auf dem kleinen Bauernhof, bei der Feldarbeit und beim Viehhüten.

Mit 25 Jahren begann Ivan Večenaj zu malen, zuerst mit Wasserfarben, später, dann auch unter der Anleitung von Ivan Generalić, mit Ölfarben. Bald löste er sich von dem Einfluß der Hlebiner Schule. Es gelingen im Porträts von erstaunlicher Ausdruckskraft. Auch seine Landschaften füllt er mit Leben und malt sie mit der Präzision mittelalterlicher Miniaturenmaler. Außerdem gestaltet er Themen aus der Bibel: den leidenden Hiob, Moses mit den Gesetzestafeln und Bilder aus der Offenbarung des Johannes.

Ivan Večenaj, Der Evangelist. Aus: A. Jakovsky, Peintres naïfs. Basilius-Presse AG, Basel

Europäische Naive

Trotz der Gefahr, durch die Nennung zu vieler Namen aus den vielen europäischen Ländern den einzelnen Künstler zu wenig würdigen zu können, sei der Versuch unternommen, die naive Malerei im übrigen Europa in einer Zusammenschau vorzustellen. Vergleichbares gilt für das nächste Kapitel, das die naiven Maler der anderen Kontinente behandelt.

Schweiz

In der Schweiz ist aus der Möbelmalerei des 18. Jahrhunderts die Appenzeller und Toggenburger Malerei entstanden, die im 19. Jahrhundert ihre Blüte erlebt hat, eine ›volkhaft-naive Malerei, die tief in folkloristischer Tradition wurzelte‹. Ihr angesehenster Repräsentant war Bartholomäus Laemmler, der seine schwarzen Kühe, weißen Ziegen und grünen Matten nicht nur auf Pappe malte, sondern auch auf Schränke und Truhen. Als legitime Nachfahren der Appenzeller Bauernmaler gelten heute Sibylle Neff und Evi Zemp, Verena Frank und Elisabeth Fust, J. B. Waldburger und Albert Manser, Hanny Lüthi, Anja Hefti und Marlyse Huber. Heute allerdings wird nicht mehr das Bauern- und Hirtenleben malend beschrieben wie zu früheren Zeiten: Die liebevoll aufgereihten Kühe in den Bildern eines Bartholomäus Laemmler sind nun – wie etwa bei Marlyse Huber – alten und neuen Autos oder – wie bei Evi Zemp – rassigen Rennpferden oder schnittigen Fahrrädern gewichen.
Weit über seine Schweizer Heimat hinaus wurde Adolf Dietrich bekannt. Um die Jahrhundertwende malte er seine ersten Naturbilder und Porträts mit Präzision und Sinn für Farbharmonie. Auch Gottlieb Speiser und Emanuel Schöttli zählen neben Adolf Dietrich zu den wichtigsten Vertretern der naiven Malerei in der Schweiz.
Abb. S. 135 Anton Bernhardsgrütter, der Volksschullehrer aus dem Thurgau, Thea Sommerlatte, die vom Sticken zum Malen fand, und der eigenwillige, zuweilen ins Groteske tendierende Serge Fiorio mögen den Reigen der Schweizer Naiven beschließen.

Österreich

Abb. S. 132 Neben Josef Pachta mit seinen liebenswerten, skurrilen Bildern, die in der Tradition des Wiener Volkshumors zu stehen scheinen, und den freundlich-
Abb. S. 124 heiteren Malereien Siegfried Kratochwils zählen der 1975 verstorbene Franz
Abb. S. 137 Spielbichler, Rudolf Geyer und Hans Strygel zu den international bekannten Naiven Österreichs. Sie malen bevorzugt Städtebilder und Landschaften, aber auch – wie Kratochwil – Reminiszenzen an das gemütliche alte Österreich.

In Salzburg leben Regine Dapra, Agnes Muthspiel und Maria de Posz. Regine Dapra, die mit Farben sehr behutsam umgeht – ihre Bilder sind fast ausschließlich auf Braun-Valeurs aufgebaut – und Agnes Muthspiel, die ebenfalls mit viel Geschmack ihre Farben einsetzt und alle lauten Töne meidet, sind gleichsam die Chronistinnen ihrer Heimatstadt. Immer wieder malen sie Salzburg und seine Umgebung. Die Ungarin Maria de Posz teilt ihre Liebe zwischen ihrer Wahlheimat Österreich und Venezuela, wo sie lange Jahre gelebt hat und wo viele ihrer reizvollen, von sinnlicher Erfahrung durchdrungenen Bilder entstanden sind.

Abb. S. 117

Abb. S. 133

Italien

Der erste bekannte und bedeutende Naive in Italien war der Schuhmachermeister aus Terni Orneore Metelli. Für seine Schuhfabrikation verlieh man ihm eine Goldmedaille. Und Ehrgeiz war auch die Motivation für sein künstlerisches Schaffen. Seine Bilder hängen in vielen Museen in der ganzen Welt. Heimweh dagegen war die Triebfeder für das kreative Schaffen von Rosina Viva, Heimweh nach Neapel. Bildergeschichten von eigenem Reiz malt Bernardo Pasotti, Fabrikant aus Mailand; in ihnen läßt er den italienischen Alltag passieren und räumt auch dem religiösen Leben einen Platz ein. Dem in Turin lebenden Fernando de Angelis wird das Meer immer wieder Mittelpunkt seiner Bilder, als friedliche Urlaubsidylle oder gespenstisch, windgepeitscht. In Parma leben Enrico Benassi und Enrico Fereoli, beide sind 1902 geboren, haben um 1960 zu malen angefangen und bevorzugen die Straßen, Kirchen und Plätze ihrer Heimatstadt als Motive.

Abb. S. 128

Eine Sonderstellung innerhalb der naiven Malerei Italiens nimmt Pietro Ghizzardi ein. Die Farbe spielt nur eine untergeordnete Rolle in seinen großformatigen Bildern. Ihn reizt das menschliche Gesicht, das er geradezu besessen und in düsteren Tönen malt und dessen bezwingende Augen den Beschauer in Bann schlagen.

Abb. S. 120

Duren war zeit seines Lebens Schiffer auf dem Po. Diesem Fluß huldigt er auch in seinen Bildern. Immer wieder malt er das blaue Wasserband, bunte Schiffe, knorrige Bäume an den Ufern. Mit einem feinen Gespür für Nuancen setzt er seine Farben ein.

Naturnähe und ein ausgeprägtes Gefühl für einen harmonischen Bildaufbau bestimmen die Malerei des in Turin lebenden Primo Berganton. Seine Städtebilder sind wahrheitsgetreue Darstellungen, unberührt von modischer Schönfärberei.

Märchenhafte Motive herrschen auf den Bildern des Toscaners Francesco Galeotti vor. Seine realistische Darstellungsweise, verbunden mit stilisierenden Tendenzen, läßt ihn auch schwierige Bildthemen spielerisch bewältigen.

Mario Colombos bildnerische Beiträge zur naiven Malerei Italiens imponieren durch ihren harmonischen Bildaufbau, eine verhaltene Farbigkeit und die zu Herzen gehende Schlichtheit seiner Sujets.
Die Formstrenge und stolze Monumentalität seiner Gestalten könnte Oscar de Mejo den amerikanischen Limners abgeschaut haben, die epische Erzählbreite und die starken Farbkonstraste in seinen Bildern verweisen auf sein Heimatland Italien, wo der heute in New York lebende Maler 1911 geboren wurde.
Im Anschluß an die große Ausstellung 1964 in Rom sind viele naive Maler ins Licht der Öffentlichkeit gerückt, so die inzwischen auch international bekannt gewordenen Irene Invrea, Antonio Ligabue, Nello Ponzi, Bruno Rovesti. Allerdings hat der Geschäftssinn der Italiener in den letzten Jahren vieles hervorgebracht, was der naiven Malerei schadet.

Spanien

Die naive Malerei auf der Pyrenäen-Halbinsel hat noch längst nicht denselben Stellenwert wie im übrigen Europa. Bekannt geworden sind Miguel G. Vivancos, der nach seiner fünfjährigen Gefangenschaft in einem französischen Konzentrationslager zu malen begann; Walerico Moral Calvo, ein ehemaliger Müllkutscher aus Madrid, der mit einfachen Mitteln in wahrhaft naiver Weise an den sozialen Zuständen unserer Zeit Kritik übt. Und kein Geringerer als Joan Miró war es, der den 1919 auf Mallorca geborenen Miguel Rivera Bagur entdeckte und ihn zu vielen seiner poetisch-zarten Bilder anregte.

Abb. S. 139

Belgien

Den 1815 in Gent geborenen Louis Delattre hielt man lange Zeit für den einzigen wirklich Naiven des Landes. Delattre war nicht nur in seiner Malerei ein kauziger Einzelgänger – seine Bilder sind eine seltsame Mischung aus Realität und Phantasie –, er war auch der Erfinder einer Flugmaschine. Auf kleinen und großen Ausstellungen zeigte sich dann plötzlich, daß es außer Delattre in Belgien auch noch andere Naive gegeben hat: Albijn van den Abeele etwa, Bürgermeister und Verfasser idyllischer Romane; Emile Verkouille, einen taubstummen Anstreicher aus Ostende, von dem nur wenige, aber sehr poetische Bilder bekannt wurden; Seraphin de Rijke, ebenfalls Anstreicher, und Céleste Pedoux waren Schöpfer rührend naiver Landschaftsbilder; Edgar Tytgat erzählt in seinen Bildern von Festen und bäuerlichem Brauchtum; Alfred Noel, ein pensionierter Bergmann, malt hauptsächlich Bilder aus der Arbeitswelt; Charles Leblois, ein ehemaliger Finanzbeamter, bevorzugt als Sujets Blumen und Bäume, Städte und Landschaften. Camille van Hyfte, ein Pferdeschlächter, läßt sich von den alten Meistern zu prächtigen Blumenstilleben anregen.

Mit Prägnanz und farbiger Delikatesse sind die Brüsseler Stadtansichten des Jean Fauq gemalt. Er war früher Inhaber eines Cafés, in dem er seine ersten Bilder ausstellte und verkaufte. Heute ist er auch über die Grenzen Belgiens hinaus bekannt.
Eine Sonderstellung innerhalb der naiven Malerei Belgiens nimmt Micheline Boyadjian ein. Ihre feine Beobachtungsgabe, die einfühlsamen Erinnerungen an die Welt ihrer Kinderträume und ein Hauch Surrealismus verleihen ihren Bildern einen eigenartigen Charme.

Niederlande
Auch die niederländische naive Malerei hat bereits eine Geschichte. Zu ihren ›Klassikern‹ zählt der 1945 verstorbene ehemalige Bäckermeister Sipke Cornelius Houtman. Liebevoll hat er Gärten, Vögel und die schönen Dinge seines bescheidenen Lebens der Leinwand anvertraut. Mit Bedacht festgelegte Farben und eine sensible Strichführung sind seinen Bildern eigen.
Jan van Weert hat ein bewegtes Leben als Spediteur, Pferdedresseur und Reiter hinter sich, als er mit der Malerei beginnt. Pferde stehen im Mittelpunkt seiner Bilder, aber auch die Grachten und Straßen von Amsterdam, Flüsse und Windmühlen und romantische Fahrten mit dem Pferdeschlitten.
Salomon Meijer, Diamantenschleifer aus Amsterdam, holt sich die Anregungen für seine Bilder in seiner Heimatstadt. Immer wieder läßt er sich von alten Bürgerhäusern und malerischen Grachten zum Malen verführen; gleichzeitig entstehen auch reizende Katzenbilder.
Pieter Hagoort ist ein ehemaliger Pferdebahnführer. Seine attraktiven Landschaftsbilder geben sich wie mit dem Lineal gezogen. Am liebsten malt er Städte und Gegenden, die er kennt, in satten, gleichwohl kühlen Farbtönen. *Abb. S. 121*
Auch Josephine Hermans, die gern Sonnenuntergänge, Feuerwerke und den gestirnten Abendhimmel malt, und Willem Poelman, der Menschen, Tiere und Masken bevorzugt, sind auf internationalen Ausstellungen hervorgetreten.
Sonntägliche Ruhe und Beschaulichkeit projiziert Cornelis Kaay in seine Bilder. Menschen und Tiere, Straßen und Häuser verbinden sich zu einem harmonischen Ganzen.
Leonardus A. J. Neervoort fand zum Malen, als er schwer erkrankt war; er malt bevorzugt Massenszenen, historische Ereignisse und festliche Veranstaltungen. Neervoort, auf der 2. Triennale in Bratislava mit einem 1. Preis ausgezeichnet, gilt als der bekannteste Naive der Niederlande. Seine Bilder leben von starken Farbkontrasten, die sich aber, abgegrenzt von schwarzen Konturen, immer die Balance halten. Durch Reihung und Reduzierung auf die wichtigsten Formen hinterlassen die bunten Massenszenen seiner Bilder stets einen wohlgeordneten Eindruck. *Abb. S. 129*

Die Bäuerin Anna Maria Zomer schildert ihr ländliches Leben mit seinen großen und kleinen Ereignissen, den freudigen Begebenheiten und den traurigen. Die Häuser und Gärten ihrer Bilder sind stets sauber und gepflegt, selbst die Blumen auf der Wiese wachsen in regelmäßigen Abständen.
Von Johannes Smits stammen meist kleinformatige, oft deprimierend anmutende Bilder, in denen er die gefühllose Isolation der Menschen unserer Zeit zum Ausdruck bringt.

Großbritannien

Die naive Malerei auf den britischen Inseln hat besonders viele eigenständige und originelle Künstler hervorgebracht: Scottie Wilson und James Lloyd, deren Bilder leicht unterkühlte, zum Surrealistischen neigende Tendenzen zeigen. Sie lassen das fröhliche Farbenspiel vermissen, das die naive Malerei gemeinhin kennzeichnet. Eden Box, die eigentlich Marston Fleming heißt, umgibt sich mit dem Schleier des Geheimnisvollen, den auch die großäugigen Katzen in ihren Bildern zu tragen scheinen. Alfred Wallis aus Devonport, den der Maler Ben Nicholson entdeckt hat und dessen zartfarbene Bilder eine Aneinanderreihung einfachster zeichnerischer Elemente sind. Margaret Baird, eine englische Grandma Moses, malt frisch und ungekünstelt ihre Kindheitserinnerungen. William A. Chesher nennt man den ›Spezialisten für landwirtschaftliche Maschinen‹, die auf keinem seiner Bilder fehlen.
Anmutige Geschichten zu erzählen weiß Helen Bradley in ihren Bildern – kein Wunder, daß sie schon Eingang ins Kinderbuch gefunden hat. Auch Frances R. Bond läßt ihrer Phantasie freien Lauf und schildert in farbenprächtigen, mit Blumen übersäten und von anschmiegsamen Katzen bevölkerten Bildern Begebenheiten aus einer anderen Zeit.
Gillian Beckles ist in die Fußstapfen der englischen Marinemaler getreten; immer wieder malt sie Schiffe, wobei aber keins dem anderen gleicht. Pferdemaler haben auf der Insel ebenfalls eine lange Tradition. Zu ihnen gehört Vincent Haddelsey, zur Zeit der prominenteste Naive Englands.
Schotte ist Andrew Murray, allerdings in China geboren und in Südafrika aufgewachsen – ein Weltbürger, der die Erinnerungen an sein bewegtes Leben im Bild festhält. – Ire ist der Fischer James Dixon, er lebt auf einer Insel, und seine Liebe – auch in der Malerei – gehört der See.

Skandinavien

Aus dem hohen Norden Europas kennt man nur wenige Naive. Der bekannteste ist der Schwede Lim-Johan Olsson, Holzfäller und Fotograf, der die letzten acht Jahre seines Lebens in einer psychiatrischen Anstalt verbrachte und wenige, aber eindrucksvolle Tierdarstellungen hinterlassen hat. Mehr Bilder – man kennt etwa sechzig – hat die 1812–1882 lebende Josabeth Sjöberg gemalt, zartfarbene Aquarelle voll melancholischer Erinnerung an die Vergangenheit. Weitere Skandinavier sind über ihre Heimat hinaus auch bei uns bekannt geworden: Carl Johan Carlsson, Pehr Hallsten, Thorvald Arenst Hoyer, Primus Mortimer Petersson und Nils Nilsson Skum.

Osteuropa dagegen – mit Jugoslawien, das schon ausführlich beschrieben wurde – darf, was die naive Malerei anbetrifft, als klassischer Bereich gelten. Vor allem in der Tschechoslowakei und in Polen gibt es eine traditionsreiche naive Kunst.

CSSR

Kurz nach dem Ersten Weltkrieg erreichte der 1880 geborene Robert Guttmann einen ungewöhnlichen Bekanntheitsgrad als Maler jüdischen Brauchtums, aber auch als vagabundierender Sonderling. Seine Bilder sind durch leuchtende Farben gekennzeichnet, die betonte Kontrastgebung erzielt eine ausdrucksvolle Expressivität.

Die Bilder von Zuzana Virághová, die zumeist in der südslowakischen Landschaft ihre Heimat haben, sind erfüllt von einer heimlichen Poesie. Zarte Farben harmonieren mit der stillen Schönheit ihrer Sujets.

Auch Albert Fišers Landschaften, ungewöhnlich in der Flächenaufteilung und zurückhaltend in den Farben, scheinen einer besseren Welt anzugehören, der Haß und Neid fremd sind.

Sehr realistisch dagegen wird in den Bildern des Juraj Lauko vom Leben der einfachen Leute erzählt. Lauko beobachtet Hausfrauen und Dienstmädchen bei ihrer Arbeit, Dorfkinder beim Spielen, Bauern beim Feiern. Bei aller Realität aber erkennt man im täglichen Leben den Einbruch finsterer Mächte; Visionen aus einer anderen Welt verdüstern den Ablauf des Dorfalltags.

Durch einfache zeichnerische Mittel erreicht Natalie Schmidtová ein Höchstmaß an Ausdrucksstärke. Erinnerungen bestimmen ihre Bilder, Erinnerungen an ihre Jugendzeit am Schwarzen Meer, die – konzentriert auf das Wesentliche – zuweilen archaische Schlichtheit ausstrahlen. Behutsam setzt sie auch ihre Farben ein. Neben einem sommerwarmen Ockerton beherrscht vor allem ein lichtes Blau ihre Palette.

Anna Ličkovás Bilder erzählen die schönsten Geschichten. Ihre unermüdliche Erfindungsgabe verleiht alltäglichen Dingen eine Vertiefung, die ihre Bilder zum Reden bringt. Die seit Anfang der fünfziger Jahre malende Hausfrau ist weit über die Grenzen ihrer Heimat hinaus bekannt. *Abb. S. 2*

Auch Antonín Řehák und Alois Beneš zählen zu den großen Begabungen in der Tschechoslowakei. Řehák, von Beruf Gärtner, malt bevorzugt weite Parklandschaften und baumbestandene Gärten in sorgfältig abgestimmten Farben.

Abb. S. 115 Beneš malt seit 1955 Jugenderinnerungen, aber auch idyllische Landschaften, ausgeschmückt mit den Geschöpfen seiner reichen Phantasie.

Ludmilla Procházkovás Malerei ist ganz den Sitten und Bräuchen ihrer Dorfgemeinschaft verhaftet. In ihren Bildern, die detailgetreu auch die Trachten ihrer Heimat zeigen, steigt sie hinab in ihre eigene Jugendzeit und in die Vergangenheit ihres Volkes.

Aus wahrhaft einfältigem Herzen sind die unheimlichen Friedhöfe, die brandenden Wogen der Flüsse und die aus dem Dunkel herausbrechenden düsteren Reiter des Fellsammlers Václav Žák erstanden. Der Himmel über seinen erträumten Städten und Landschaften ist in wildem Aufruhr – der Weltuntergang steht bevor. Dominierende Farbe in diesen visionären Schöpfungen ist ein leuchtendes Ziegelrot.

Geprägt von ihrem Glauben an irrationale Sphären, an Seelenwanderung und Spiritismus, sind die Bilder der Cecilie Marková sensible Niederschriften ihrer Botschaften aus anderen Welten. ›Ich glaube fest, daß da eine Kraft existiert, die mich führt‹, schreibt die heute 69jährige über ihr Werk.

Tiefe Religiosität spricht aus den Bildern des Laienbruders Štefan Daňko. Seine seltsam flach wirkenden Figuren – er selbst sieht sich in der Tradition byzantinischer Ikonenmaler – leben durch ihre leuchtenden Farben.

Václav Beranek vermeidet jede Vereinfachung in seinen Bildern. Mit unendlicher Sorgfalt erarbeitet er jedes Detail. Dennoch ist das Ergebnis seiner Bemühungen naiv im besten Sinne.

Auch Jan Hruška, Apothekenhelfer in Brünn, schenkt seine Aufmerksamkeit jeder noch so kleinen Einzelheit. Liebevoll ausgemalt, wirken seine Bilder wie sorgfältig ausgeführte Stickereien.

Abb. S. 139 Ondrej Steberl setzt vor allem biblische Geschichten in eine sehr ursprüngliche, kindlich-naive Malerei um: das ›Jüngste Gericht‹ und den ›Barmherzigen Samariter‹, den gekreuzigten Christus und ›Maria mit dem Kinde‹. Immer wiederkehrendes Motiv ist auch ›die schöne Dame‹, eine Phantasiegestalt Steberls, die Konkretes und Erträumtes in sich vereint.

Polen

Abb. S. 131 Fast schon legendär ist der Ruf, den der Pole Nikifor genießt. Nikifor, von dem nur der Vorname bekannt ist, war früh verwaist, mit einem Sprachfehler behaftet, Analphabet und von einer unheilbaren Tuberkulose befallen. Seit man ihm im Krankenhaus Farben geschenkt hatte, malte er wie besessen. Er bemalte jedes Stück Papier mit Motiven aus seiner Heimatstadt Krynica. Freunde verfaßten ihm dazu einen Text, und diese Bildchen verkaufte er an

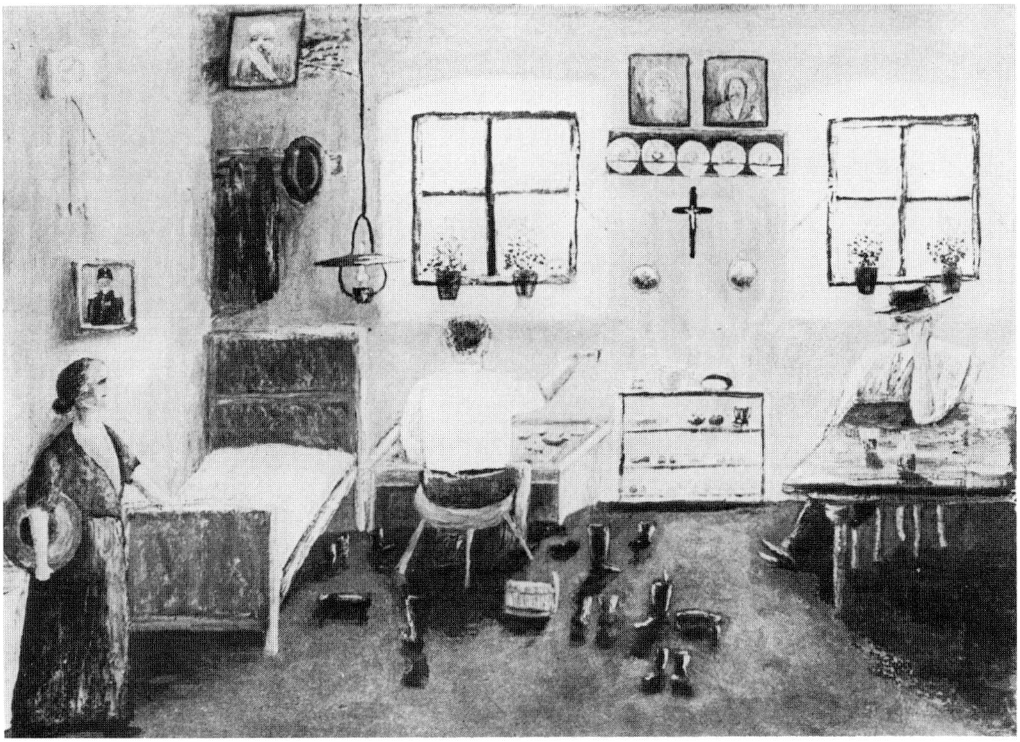

Alois Beneš, Schusterwerkstatt. Aus: A. Pohribný u. S. Tkáč, Die naive Kunst in der Tschechoslowakei. Artia-Verlag, Prag

Fremde und verdiente sich so mühsam seinen Lebensunterhalt. Es wird erzählt, daß man ihm in späteren Jahren (wie dies auch von Schröder-Sonnenstern berichtet wird) fremde Bilder vorlegte, die er mit seinem Namen signierte, so daß mancher unbekannte Maler auf diese Weise von seinem Ruhm lebte.

Die im polnischen Volk tief verwurzelte Frömmigkeit spiegelt sich auch in der naiven Malerei. Fast ausschließlich religiöse Themen zeigen die Bilder von Maria Lenczewska und Henryk Zegadlo. Auch Seweryn Odrzywolski und Edmund Monsiel finden in diesem Bereich die Grundmotive ihrer Bilder.

Stanislaw Karulak verwendet mit Vorliebe Motive aus der Geschichte Polens. Gleichwohl sind die Soldaten, auch wenn sie noch so wild mit den Gewehren fuchteln, in ihren bunten Uniformen eher Zinnsoldaten vergleichbar.

Bazyli Albiczuk ist Gärtner. In seiner Freizeit malt er bezaubernde Gärten, Bäume, Sträucher und blühende Blumenbeete.

Abb. S. 127 Maria Korsak hat in ihrer Jugend Wandbehänge gewebt und bemalt, in späteren Jahren entstehen vor allem Landschaftbilder in klaren, harmonischen Farben.

Aus politischen Gründen hat Jan Kwiatkowski seine polnische Heimat verlassen. In seiner Wahlheimat Frankreich entdeckt er seine Liebe zur Malerei. Es entstehen bis zu seinem Todesjahr 1975 eine ganze Reihe tief empfundener, zartfarbener Landschaftsbilder.

Moshe Maurer und Menachem Messinger sind beide in Polen geboren, Maurer wanderte nach England aus, Messinger ließ sich in den 30er Jahren in Israel nieder. Beide Künstler fangen im Rentenalter zu malen an: Szenen aus dem Leben der jüdischen Gemeinde, Messinger visionär und phantastisch, Maurer erzählend und nicht ohne Humor.

Teofil Ociepka ist pensionierter Grubenarbeiter, er realisiert seine okkultistisch beeinflußte Erlebniswelt in einer beängstigenden, dämonischen Bildaussage. Seine beeindruckenden Werke sind in zahlreichen Ausstellungen in aller Welt vertreten.

Rumänien

Über die naive Malerei Rumäniens ist nicht viel bekannt. Erst in den letzten Jahren konnten – dank der Ausdauer einiger namhafter Galeristen – auch bei uns einige wenige Naive Rumäniens mit ihren Arbeiten vorgestellt werden.

Einer der Begabtesten unter ihnen ist Ion Nicodin-Nita. Er ist Bauer, und seine Motive entlehnt er der bäuerlichen Welt. Doch jede noch so alltägliche Handlung gewinnt in seinen Bildern einen weihevoll-feierlichen Ausdruck. Da wird der Auftrieb des Viehs zu einem festlichen Umzug, die Heidelbeerernte gar gleicht einer Kulthandlung. Grün in vielen Nuancen zieht als Leitmotiv durch seine Bilder, aufgehellt durch sonntägliches Weiß.

Regine Dapra, Die alte Mühle. Öl auf Hartfasser. 40 x 50 cm

Auch Anna Kiss schildert Leben und Arbeitswelt des Bauern in ihrer Heimat. In tatsächliche Begebenheiten, die sie liebevoll ausschmückt, fließt wohl dann und wann Anekdotisches, so daß ihre Bilder angefüllt sind mit Geschichten in der Geschichte. Neben den phantasievollen, farblich sehr ansprechenden Bildern entstehen auch kunstvoll gestickte Wandteppiche.

UdSSR

Über die naive Malerei Rußlands wissen wir wenig. Um so größer ist das Verdienst Stefan Zweigs, der 1930 die Bilder des bereits dreizehn Jahre vorher verstorbenen Niko Pirosmanaschwili bei uns bekannt machte. Pirosmanaschwili war lange Zeit als Maler von Dorf zu Dorf gezogen und hatte Wirtshausschilder entworfen und Porträts auf Bestellung gemalt.
Als russische Emigrantin kam Helene Adamoff 1921 nach Paris. Erst dreißig Jahre danach setzt sie ihre Erinnerungen in farbenfrohe Bilder um, in denen sie Sitten und Bräuche des alten Rußland festhält.

Griechenland

Von der Insel Lesbos stammte Theophilos Hadsimichael, der Enkel eines Ikonenmalers. Über sein Leben weiß man wenig. Nur daß er lange Jahre als Maler, der sich durch das Entwerfen von Ladenschildern sein Geld verdiente, durch seine Heimat reiste. Erhalten geblieben ist jedoch sein umfangreiches Werk, kindlich-naive Bilder in kontrastreichen Farben, in denen er die Ereignisse seines Wanderlebens schildert.
Einer der wenigen in Griechenland lebenden und auch bei uns bekannten Nai-
Abb. S. 125 ven ist Stathis Ikonomou. In seinen großformatigen, farbintensiven Bildern beschäftigt er sich häufig mit der politischen Entwicklung seines Heimatlandes, aber auch mit kirchlichen Festtagsbräuchen.

Ungarn

Erst seit wenigen Jahren ist die ungarische naive Malerei auf die internationale Bühne getreten. Das ist eigentlich erstaunlich, denn bereits in den dreißiger Jahren hatte Ungarn seine große Zeit der naiven Malerei. Als eine Art ›ungarischer Wilhelm Uhde‹ fungierte dabei der Kunstkritiker Jenö Bálint. Ihm ist es zu verdanken, daß in Ungarn die Werke der naiven Maler ebenfalls gesammelt und ausgestellt wurden.
Als der große alte Mann der naiven Malerei Ungarns gilt der 1919 in Budapest verstorbene Tivadar Csontváry. Er war Apotheker, hat sich aber später ganz seiner Malerei – Porträts, Tieren, Landschaften – gewidmet.

Als Landarbeiter lebte András Süli abseits der Stadt. So ist auch seine Malerei frei von fremden Einflüssen. Er malte, was er sah. Das konnte die Familie beim Essen sein oder das Innere einer Kirche, die Uferpromenade an der Donau oder ein Hühnerhof.
János Gajdos, der als Schuster auf dem Dorf lebt, ist der Chronist aller wichtigen Geschehnisse seines Heimatorts: der Hochzeiten und Begräbnisse, der Kirchweihen und Schlachtfeste.
Elek Györi war schon immer am Zeichnen und Malen interessiert. Als junger Mann kommt er nach Budapest und findet dort Freunde und Gönner. Seine Themen sind Erinnerungen an seine Jugend auf dem Lande, Bilder, die auch ethnographisch von Bedeutung sind.

Biographien (Europäische Naive)

Enrico Benassi
Geboren 1902 in Casale Mezzano bei Parma (Italien)
Der Vater von zwölf Kindern war zunächst Landarbeiter und Krankenpfleger, Hühnerhändler und Hausierer. Dann gründete er eine Musikkapelle und reiste mit seinen Söhnen durch Italien. Als ihm eines Tages die Idee kam, die Trommel seines kleinen Orchesters mit Ornamenten zu schmücken, fand er so viel Freude daran, daß ihm das Malen fortan zum täglichen Bedürfnis wurde. Seit 1957 lebt Benassi in Parma und malt seine durch tausend aufgesetzte weiße Punkte wie festlich erleuchtet wirkenden Architekturbilder.

Alois Beneš *Abb. S. 115*
Geboren 1903 in Otinoves bei Drahany
Alois Beneš war von Beruf Müller und ist es auch noch nach seiner Umsiedelung 1942. Erst ab seinem 52. Lebensjahr konnte er sich ganz der Malerei widmen. Seine Bilder wirken so naturgetreu, als seien sie sorgfältig nach Vorlagen gemalt, Tiere und Menschen erscheinen wirklich und lebendig; die Landschaften, die er malt, glaubt man zu kennen. Und doch hat Alois Beneš stets nur nach seiner Erinnerung gemalt oder seine Kompositionen – wie etwa sein berühmtes Paradies-Bild – aus der Phantasie geschöpft.

Regine Dapra *Abb. S. 117*
Geboren 1929 in Bad Hofgastein (Österreich)
Salzburg, die Stadt, in der Regine Dapra aufgewachsen ist und in der sie auch heute wieder lebt, ist das immer wiederkehrende Motiv ihrer Bilder. Doch zunächst wandte sich die Künstlerin nicht der Malerei, sondern der Musik zu. Von 1945 bis 1953 studierte sie Musik in Salzburg und Wien. Die darauffol-

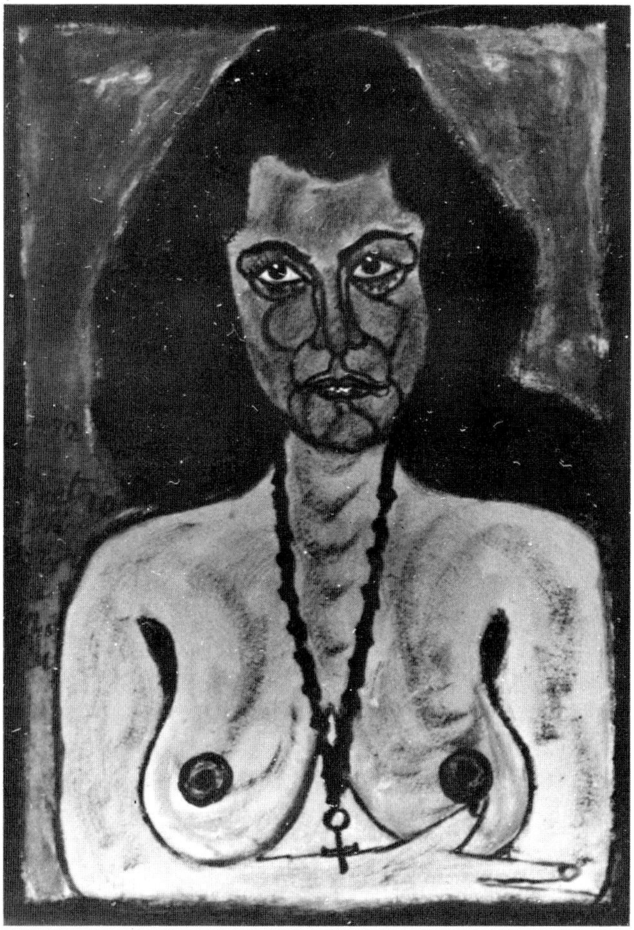

Pietro Ghizzardi, Frauenbildnis. 80 x 60 cm. Galerie Egon Hassbecker, Eberbach

Pieter Hagoort, Straße mit Kanal. Kugelschreiber, Tempera auf Papier. 26,5 x 39,5 cm. Sammlung Novotny, Offenbach

genden Jahre verbrachte sie in Deutschland und in der Schweiz. 1960 kehrte sie zurück nach Salzburg, heiratete dort einen bekannten Fotografen und wandte sich, ermuntert von ihrem Mann, der Malerei zu. Ihre Bilder sind anmutig, farbenfroh und heiter; sie haben Regine Dapra weit über Salzburg und Österreich hinaus bekannt gemacht.

Adolf Dietrich
Geboren 1877 in Berlingen (Schweiz); gestorben 1957 in Berlingen
Er war als Heimarbeiter für eine Trikotfabrik tätig, später arbeitete er als Waldarbeiter und Tagelöhner. Daneben versorgte er den vom Vater ererbten kleinen Hof. Schon in der Schule hat Adolf Dietrich gern gezeichnet und war von den Lehrern gefördert worden. 1903 erkannte der Maler Völmy das Talent des jungen Mannes und machte ihn in weiten Kreisen bekannt. Er fand Freunde und Sammler und konnte sich ab 1925 ganz der Malerei widmen. Adolf Dietrich malte selten vor dem Motiv, meist aus der Erinnerung. Gleichwohl ist sein Gesamtwerk charakterisiert durch eine realistische Darstellung, die bis ins Detail geht. Dietrich gilt als der bekannteste und bedeutendste naive Maler der Schweiz.

Duren (Pseudonym für Dino Daolio)
Geboren 1914 in Italien
Duren war mit Leib und Seele Fischer, und seine ganze Liebe gehörte dem ›fiume Po‹. Obwohl mit einem Lungenleiden behaftet, wohnt er immer noch in Flußnähe, und der Po-Fluß ist auch das Thema seiner Bilder geworden, als er vor drei Jahren zu malen begann. Mit zärtlichem Pinsel erfindet er immer neue Farbvariationen für seine geliebte Flußlandschaft. Witterungsstimmungen und rasch wechselnde Wolkenformationen geben dem Fluß ein immer neues Aussehen. Auf seine Weise hat Duren auch Farbstudien getrieben: Er hat von einem seiner Bilder gleichsam Farbauszüge angefertigt und, einer Lehrtafel ähnlich, diese Farbvariationen zu einer aus vielen Einzelteilen zusammengesetzten Komposition verarbeitet.

Abb. S. 120 **Pietro Ghizzardi**
Geboren 1906 in Corte Pavesina Viadana (Italien)
Der Mann im dunklen Samtanzug mit dem großen Schlapphut – gekleidet, wie seine Familie sich vorstellt, daß ein großer Maler gekleidet sein müsse – hat ein Leben voller Entbehrungen und Enttäuschungen hinter sich. Aufgewachsen in ärmsten Verhältnissen und mit einer mangelhaften Schulausbildung ausgerüstet, scheint sein Leben als Tagelöhner vorgezeichnet. Auch als er zu malen beginnt – großformatige Frauenbildnisse mit tiefgekerbten Falten im Gesicht und welken Brüsten –, sollte sich daran nichts ändern. Auf Flohmärkten verkaufte

er für wenige Lire seine Bilder oder verschenkte sie gar. Bis eines Tages per Zufall die Fachwelt entdeckte, welche Talente in diesem einfachen Mann schlummern. 1965 hat er die erste Einzelausstellung, ihr folgen noch zahlreiche Einzel- und Gruppenausstellungen. Rasch wird er bekannt. Noch immer malt er Frauen. Doch er verschenkt die Bilder nicht mehr, sie werden inzwischen zu Höchstpreisen gehandelt.

Pieter Hagoort

Abb. S. 121

Geboren 1885 in Grootebroek (Niederlande); gestorben 1975 in Lutjebroek
Schon mit acht Jahren, also noch vor der Jahrhundertwende, arbeitete Pieter Hagoort bei der Straßenbahn in Rotterdam. Er war zunächst Pferdeführer und wurde 1918 Postzusteller. Später stellte ihn die Straßenbahngesellschaft wieder ein, 1952 ging er in Pension. 1960 begann er zu malen. Pieter Hagoort erfaßte nicht nur meisterhaft den Charakter der holländischen Landschaft, er verstand es auch, immer wieder Idyllisches und Liebenswertes in ihr zu entdecken und in seinen sorgfältig gemalten Bildern in allen Details festzuhalten. Sein größtes Anliegen aber war es, die Zeit der Pferdebahn für seine Nachwelt im Bild zu bewahren.

Josephine Hermans

Geboren 1895 in Arnhem (Niederlande)
›Es ist keine große Kunst, aber auch kein Kitsch‹, urteilte Josephine Hermans über ihre Malerei. Nach ihrer Schulzeit arbeitete sie als Stickerin, dann als Putzfrau in einem Amsterdamer Krankenhaus. Nach ihrer Pensionierung begann sie zu malen, und in ihrer Malerei fand sie bald einen neuen Lebensinhalt. Was sie anzieht, ist vor allem das Spiel des Lichts: Feuerwerke in dunkler Nacht, hell erleuchtete Häuser, der Sternenhimmel und das goldene Licht des Mondes.

Sipke Cornelis Houtman

Geboren 1871 in Dokkum (Niederlande); gestorben 1945 in Amsterdam
Der große Wunsch des jungen Houtman war es, Maler zu werden. Aber die Eltern bestimmten ihn zum Lehrer. So trat er in ein Lehrerseminar ein, um es aber bald wieder zu verlassen. Er wurde Bäckergehilfe und übte den Beruf des Bäckers bis zu seinem 60. Lebensjahr aus. Dann wendete er sich ganz seiner geliebten Malerei zu. Von Houtman stammen sehr präzise gemalte Bilder in harmonisch abgestimmten Brauntönen. Auf der Rückseite vieler seiner Bilder findet sich der Satz ›Der Herr Jesus Christus lehrte mich‹. Ein Großteil seines Werks hängt heute in niederländischen Museen.

Siegfried L. Kratochwil, Auf dem Eislaufplatz. 1970. Eitempera auf Pappe. 30 x 37 cm. Sammlung Waltraud Koch, Wien

Stathis Ikonomou, Karfreitag. 1974. Öl auf Leinwand. 90 x 70 cm. Galerie Charlotte, München

Abb. S. 125
Stathis Ikonomou

Geboren 1928 in Katachori (Griechenland)

In ärmlichen bäuerlichen Verhältnissen aufgewachsen, haben harte Arbeit, Krieg und Besatzung Kindheit und Jugend überschattet. 1953 kommt Stathis Ikonomou nach Athen, geht dort den verschiedensten Berufen nach und eröffnet schließlich 1964 ein kleines Geschäft für Volkskunst, um sich nebenher bevorzugt seiner Malerei widmen zu können. Seit 1970 werden seine Bilder in vielen Ausstellungen gezeigt. Ikonomous archaische Darstellungsweise unterscheidet sich eindeutig von den epigonalen Hervorbringungen der artifiziellen Naiven, deren Bildern es an Authentizität mangelt.

Abb. S. 127
Maria Korsak

Geboren 1908 bei Nowogródek (UdSSR)

Von Beruf Textilarbeiterin, entwirft und webt sie später Dekorationsstoffe. Um die düsteren Kriegserlebnisse zu vergessen und sich die Zeit, da sie auf die Rückkehr ihres Mannes aus der Gefangenschaft wartet, zu verkürzen, beginnt sie zu malen. Dann, im Alter von fünfzig Jahren, übersiedelt sie aus der Sowjetunion nach Warschau. Dort wird ihr Werk sehr schnell bekannt. Sie schickt ihre Bilder auf Ausstellungen in ganz Europa und auch nach Übersee.

Abb. S. 124
Siegfried L. Kratochwil

Geboren 1916 in Karlstift/Niederösterreich

Siegfried L. Kratochwil schreibt über sich selbst: ›Meine Mutter war Dienstmagd, mein Vater Bäckergehilfe. Bis zum sechsten Lebensjahr blieb ich bei meinen Großeltern in dem schönen Karlstift mit seinen unendlich weiten Nadelwäldern. Zum Schulbeginn holten mich meine Eltern nach Wien. Die Schulferien verbrachte ich immer in Karlstift. Schon seit meiner Kindheit liebte ich die Freiheit und die Natur. In den Jahren 1930–1933 erlernte ich das Mechaniker- und Werkzeugmacherhandwerk. Doch es war damals eine schlechte Zeit, und viele Menschen waren ohne Arbeit. Jede Arbeit, die sich mir bot, nahm ich an: Mechaniker und Werkzeugmacher, ich war im Schnitt- und Stanzenbau tätig, arbeitete als Maschinenreparaturschlosser, als Elektriker und war auch in anderen Berufen tätig. 1939 heiratete ich. Der Zeitabschnitt von 1938–1945 und einige Jahre darüber hinaus waren die schlechtesten Jahre unseres Lebens. Krieg, Besetzung und Not. Mein schlechter Gesundheitszustand bewahrte mich vor dem Militär, und man steckte mich in einen Rüstungsbetrieb. 1941 kam unser Töchterchen Erika zur Welt. Während ihrer Schulzeit half ich ihr beim Zeichnen und Malen. Auch im Kreise der Familie übten wir mit dem Stift und Pinsel, und unsere Produkte trugen oft zu einem Heiterkeitsausbruch aller Anwesenden bei. Das Zeichnen und Malen wurde mir seit dieser Zeit zum Bedürfnis...‹

Maria Korsak, Landschaft mit Kühen. Foto: Claude Duvaut

Orneore Metelli, Selbstporträt. Um 1932. Öl auf Leinwand. 92 x 55 cm. Sammlung Aurelio De Felice, Terni. Aus: Katalog ›Das naive Bild der Welt‹, Staatliche Kunsthalle, Baden-Baden

Leonardus Neervoort, Parade. 1974. Tempera auf Karton. 47 x 62 cm.
Galerie Elke und Werner Zimmer, Düsseldorf

Abb. S. 2

Anna Ličková

Geboren 1895 in Těšin (CSSR)

Anna Ličková ist Hausfrau. Sie begann 1953 zu malen. Aber ihre künstlerische Expressivität ist derart in ihrer Persönlichkeit verwurzelt, daß sie alles mit ihrer Malerei in Verbindung bringt. So bemalt sie nicht nur Papier und Leinwand, sondern schmückt auch jede leere Stelle an den Wänden ihrer Wohnung mit Fresken. Selbst der Fußboden und die Sitzflächen der Stühle zieren ihre Malereien. Dabei bewältigt ihre schöpferische Kraft die schwierigsten Motive. Sie verwendet stets ungemischte Farben und erzielt eine intensiv auf den Beschauer wirkende Farbharmonie.

Salomon (Sal) Meijer

Geboren 1877 in Amsterdam (Niederlande); gestorben 1962 in Amsterdam

1914 begann Sal Meijer zu malen. Er malte alles, was ihm gefiel: seine Katze in einer Hutschachtel, bedächtig wiederkäuende Kühe, einen Springbrunnen, den Treppenaufgang des Stedelijk-Museums in Amsterdam. Hauptsächlich aber hatte er eine Vorliebe für malerische Stadtansichten. So lieferten ihm die Häuser und Grachten seiner Heimatstadt immer wieder Motive für seine Bilder. Aber auch Reisen nach Belgien und in die Schweiz regten ihn zum Malen an.

Abb. S. 128

Orneore Metelli

Geboren 1872 in Terni (Italien); gestorben 1938 in Terni

Die Welt des Theaters beeinflußte die Malerei Metellis in sehr starkem Maße. Er war lange Zeit Erster Trompeter eines Theaterorchesters und begeisterter Opernbesucher. Als der Schuhmachermeister und Schuhfabrikant im Alter von fünfzig Jahren zu malen begann – er versuchte sich zuerst nur darin, weil ihm die Ärzte wegen eines drohenden Lungenemphysems das Trompetenblasen verboten hatten –, waren es hauptsächlich Opernszenen, aber auch Prozessionen und Paraden, die er in dekorativer Manier malte. Da er tagsüber seinem Beruf nachging, hatte er nur des Nachts Zeit für seine Liebhaberei; ohne Atelier und ohne Staffelei saß er über einen Küchentisch gebeugt und mischte seine Farben in Kaffeetassen. Metelli war ungeheuer fleißig. Er malte nie nach der Natur, in der Regel dienten ihm Postkarten als Vorlagen. Sein überaus stark ausgeprägtes visuelles Gedächtnis ermöglichte es ihm, Begebenheiten, Bilder und Menschen bis ins kleinste Detail wiederzugeben. Als Metelli 1938 starb – während er wie üblich in der Nacht an einem Bild arbeitete –, hinterließ er eine sehr große Anzahl von Bildern, die bald auf vielen internationalen Ausstellungen zu sehen waren.

Nikifor, Unsere Heiligen. Gouache auf Papier. 24,5 x 29 cm.
Sammlung Novotny, Offenbach

Frantisek Nymza, Palmsonntag. Hinterglasbild. 18 x 37 cm. Sammlung Krug, Helmstadt-Bargen

Josef Pachta, Kinder inmitten Sonnenblumen

Maria de Posz, Maibaumaufstellen

Abb. S. 129 **Leonardus Neervoort**

Geboren 1908 in Den Haag (Niederlande)

Beruflich als Bote bei der Staatsdruckerei in Den Haag beschäftigt, suchte Leonardus Neervoort wegen seiner angegriffenen Gesundheit Zuflucht in der Malerei. Die Bildinhalte seiner Werke schildern Ereignisse aus seiner unmittelbaren Umgebung. Als überzeugter Monarchist malt er gerne die öffentlichen Zeremonielle, Paraden der königlichen Garde, aber auch Bürgerdemonstrationen und Umzüge. Immer drängen sich aber Menschen in seinen Bildern, und immer beherrscht ein klares Ordnungsprinzip die Volksmassen.

Abb. S. 131 **Nikifor**

Geboren zwischen 1890 und 1896 in Lemkowszeryzna (Polen); gestorben 1968 in Krynica

Nikifor war zeit seines Lebens einer der Ärmsten unter den Armen; erst in seinen letzten Lebensjahren, als ihn die Kunstwelt entdeckt hatte, war er wenigstens mit dem zum Leben Notwendigen versorgt. Während eines Aufenthalts in einem Krankenhaus schenkte ihm ein Arzt Buntstifte. Von diesem Tage an änderte sich Nikifors Leben. Er hatte ein Mittel gefunden, sich mit seiner Umwelt auseinanderzusetzen. Er bemalte von nun an Packpapier, Zigarettenschachteln, Pappe. In sehr verhaltenen Farben sind diese kleinen Bildchen gemalt, die oft eine Art Aufschrift, die verworrene Buchstabenfolge eines Analphabeten, tragen. Nikifors Motiv ist die Kurstadt Krynica und ihre Umgebung; er malt Brücken, Häuser, Kirchen und Plätze, die Bilder kaufen ihm dann die Fremden als Souvenirs ab. Über vielen seiner gemalten Gebäude erscheint groß und erhaben der Adler, das polnische Staatsemblem. Mit Vorliebe malte Nikifor aber auch Nikifor. Der von seiner Umwelt Verlachte sah sich als Priester und Gelehrten, von dicken Folianten umgeben, als wohlhabenden Bürger, in schwarzem Talar und als Heiligen, der ganzen Welt Segen spendend.

Abb. S. 132 **Frantisek Nymza**

Lebensdaten nicht bekannt

Der Maler, der in Prag oder in der Nähe Prags lebt, findet die Themen für seine farblich sehr reizvollen Hinterglasbilder vor allem in der biblischen Geschichte.

Abb. S. 132 **Josef Pachta**

Geboren 1902 in Wien (Österreich)

Josef Pachta war Schriftsetzer und ab 1939 Postbeamter. Seine ersten Bilder malte er aus purer Langeweile während der französischen Kriegsgefangenschaft. Er war überrascht, wie sich die Kameraden um seine Bilder rissen und

Thea Sommerlatte, Weihnachten 1980

wie gut er sie gegen Lebensmittel eintauschen konnte. Nach der Rückkehr in seine Heimatstadt Wien dachte Pachta nicht mehr ans Malen. Erst als er pensioniert wurde und, genau wie damals in der Gefangenschaft, Zeit genug hatte, fing er wieder zu malen an. Alle Menschen auf seinen Bildern sind mit sehr persönlichen Merkmalen ausgestattet, die er als Typen treffend charakterisiert. Und doch spürt man eine gütige Ironie, die nicht weh tun, sondern augenzwinkernd den Betrachter unterhalten will.

Willem Poelman

Geboren 1896 in Delft

Willem Poelman war Kürschner. Nach seiner Pensionierung widmete er sich ganz der Malerei. Es entstanden Bilderbogen von eigenartigem Reiz – man denkt unwillkürlich an bemalte Kacheln. Ihr Inhalt ist munter erzählend, oft karikierend. Tiermasken wechseln mit anmutigen Interieurs, Porträts mit Stilleben.

Abb. S. 133 **Maria de Posz**

Geboren in Budapest (Ungarn)

Schon in jungen Jahren war Maria de Posz am Budapester Theater Kostümbildnerin. Nach dem Verlust ihrer ungarischen Heimat lebte sie lange Jahre in Venezuela. Sehnsucht nach Europa ließ sie einen Winterurlaub in Österreich verbringen. Zur Erinnerung an diese Winterferien malte sie ein paar Bilder – ihre ersten. 1962 kehrte sie endgültig nach Österreich zurück, wo sie schon Kindheit und Jugend verbracht hatte. Nun entstanden eine ganze Reihe von Bildern: Sie malte Berge und Flüsse, Wälder und Seen, die sie so sehr liebgewonnen hatte. Sie malte aber auch die Sitten und Bräuche des österreichischen Volkes. Gleichzeitig wurde sie beim Malen oft an Venezuela erinnert, und so entstanden auch immer wieder Bilder, die das bunte Leben und Treiben in Caracas und Umgebung darstellen, Bilder mit exotischen Pflanzen und fremdartigen Landschaften.

Natalie Schmidtová

Geboren 1895 in Vorova-Dobrinka (UdSSR)

Natalie Schmidtová wuchs ohne Schulbildung auf und arbeitete als Stubenmädchen und Kinderfrau in Rostow. 1918 lernte sie den österreichischen Kriegsgefangenen Rudolf Schmidt kennen und zog nach der Heirat mit ihm in die Tschechoslowakei, wo sie auf verschiedenen Landgütern arbeitete. Erst 1944 begann sie zu malen. In ihren Bildern verbinden sich archaische Elemente mit Magie und Animismus in flächenhafter Projektion. Natalie Schmidtová ist Analphabetin, doch mit Farbe und Pinsel vermag sie mehr zu sagen, als sie es mit Worten tun könnte.

Franz Spielbichler, Die hängenden Gärten der Semiramis. Öl auf Hartfaser. 44,5 x 59,5 cm. Sammlung Novotny, Offenbach

Johannes Smits
Geboren 1916 in Amsterdam (Niederlande)
Johannes Smits ist Gastwirt, ein Beruf, der ihn dazu verführte, dem Alkohol mehr zuzusprechen, als gut für ihn war. Um von seiner Sucht loszukommen, begann er zu malen. Seine Bilder zeigen großes Einfühlungsvermögen. Er malt vor allem Menschen in Ausnahmesituationen, Alte, Kranke, Einsame.

Abb. S. 135 **Thea Sommerlatte**
Geboren 1907 in Bremen (Deutschland)
Österreich und Indien, England und Südafrika, Holland und die Schweiz sind die Stationen im Leben der heute in Zug wohnenden Thea Sommerlatte. Die Erinnerung an diese Länder, an sonnendurchglühte Wüsten und tropische Vegetationen, an lichterglänzende Großstadtnächte und nebeldurchzogene Herbstabende, vor allem aber an große und kleine Gärten, die als verlorene Paradiese in ihr weiterleben, bestimmen die Thematik ihrer Bilder. Seit ihrem 16. Lebensjahr hat Thea Sommerlatte gestickt, erst in späteren Jahren hat sie begonnen, die Bilder, die in ihr leben, mit Pinsel und Farben festzuhalten.

Abb. S. 137 **Franz Spielbichler**
Geboren 1899 in Trübenbach/Niederösterreich
Franz Spielbichler sagt von sich selbst, er sei der uneheliche Sohn eines bekannten Malers, den er aber nie kennenlernte. Er wuchs in den ärmsten Verhältnissen auf, sein weiteres Leben wurde durch zwei Weltkriege und eine lange Zeit der Arbeitslosigkeit geprägt. Erst nach 1946, nachdem er Arbeit als Feilenschleifer erhielt, besserten sich seine materiellen Verhältnisse, so daß er sich in der karg bemessenen Freizeit in seiner Malerei entspannen konnte. Die romantischen Bilder Spielbichlers geben in gewissenhafter Genauigkeit Motive aus der Natur wieder, für die der Künstler eine besondere Vorliebe hat.

Abb. S. 139 **Ondrej Steberl**
Geboren 1897 in Pezinok (CSSR); gestorben 1977 in Bratislava
Ein gebrochenes Bein war der äußere Anlaß für Ondrej Steberl, sich im Alter von 66 Jahren daran zu erinnern, daß er früher gern gemalt hatte. Was der ehemalige Briefträger in den vierzehn Jahren bis zu seinem Tod geschaffen hat, sind etwa tausend Arbeiten: Gestalten aus der Bibel – Christus, die Mutter Gottes, Hirten – und immer wieder Frauen, schöne Damen, wie Steberl sie zärtlich nannte, dunkelhaarig zumeist, in farbenprächtigen Gewändern oder in unschuldiger Nacktheit, umgeben von herrlichen Blumen. Steberl hat seine Bilder zunächst mit dem Bleistift vorgezeichnet, dann mit dem Tuschpinsel nachgezogen. Viele dieser Zeichnungen hat er nicht farbig ausgeführt, andere nur zum Teil koloriert, was diesen Blättern einen besonderen Reiz verleiht.

Ondrej Steberl, Maria mit dem Kinde. 1973. Tusche. 44 x 63 cm. Galerie Egon Hassbecker, Eberbach

Miguel Garcia Vivancos, Hochzeitszug in Kolmar. 1961. Sammlung Doris Biedermann, Paris. Aus der Zeitschrift ›Werk‹, Zürich

Abb. S. 139

Miguel Garcia Vivancos

Geboren 1895 in Mazarron/Murcia (Spanien)

Nach einem kurzen Schulbesuch muß sich Vivancos schon mit dreizehn Jahren nach einer Arbeit umsehen, er wird Mechaniker. Doch nur kurze Zeit übt er diesen Beruf aus, dann versucht er sein Glück als Hafenarbeiter, Anstreicher, Maurer und Grubenarbeiter, als Uhrmacher und Taxichauffeur. Eine Wende dieses turbulenten Lebens tritt mit dem Ausbruch des spanischen Bürgerkriegs ein. Er kämpft auf der Seite der Republikaner und steigt bald in den Rang eines Obersten auf. Das Kriegsende bringt ihm das Exil und lange Monate in einem französischen Internierungslager. Bei seiner Befreiung aus dem Lager ist er fünfzig Jahre alt, mittellos und ohne eigentlichen Beruf. Freunde schlagen ihm vor, er solle sich durch das Bemalen von Kopftüchern seinen Lebensunterhalt verdienen. Diese Arbeit langweilt ihn bald, und er beginnt selbst kreativ zu werden. Man wird auf ihn aufmerksam, auch Picasso ermuntert ihn. 1950 ist es soweit, daß eine Pariser Galerie Vivancos schon eine eigene Ausstellung einräumt. Der Erfolg erlaubt es ihm, sich fortan ausschließlich seiner Malerei zu widmen.

Václav Žák

Geboren 1906 in Velké Kyšice (CSSR)

Der reisende Pelzhändler begann seine künstlerische Tätigkeit 1952 damit, daß er sein Haus innen und außen bemalte. Der unerwartete Erfolg – das bemalte Haus trug ihm viele Bewunderer ein – führte ihn bald zur Hinterglasmalerei, die außer ihm in der Tschechoslowakei nur wenige Künstler ausüben. Er malt bevorzugt Landschaften in üppiger Farbenpracht und in nahezu expressionistischer Manier.

Naive Maler außerhalb Europas

Um das allgemeine Bild abzurunden, werfen wir noch einen Blick auf Länder in fernen Kontinenten.

Das ist zunächst **Afrika**. Was zu Beginn der Industrialisierung in Europa geschah – das allmähliche Aufhören jeder Art von traditionsgebundener Volkskunst und die Entstehung maschinell gefertigter Andenkenware –, das passiert jetzt, im letzten Drittel des 20. Jahrhunderts, im schwarzen Erdteil. Die echte Stammeskunst stirbt. Dem Touristengeschmack angepaßte Massenware beginnt sie in fast allen Teilen des Landes zu ersetzen. Dennoch gibt es auch im Afrika unserer Tage eine dem Naiven eng verwandte Kunst. Die Überreste der traditionellen primitiven Stammeskunst beginnen sich mit der Bilderwelt unserer Zeit zu vermischen. Was daraus entsteht, sind eigenwillige Bilder mit durchaus naivem Anspruch.

In **Israel** lebt der Uhrmacher Shalom Moskovitsch, genannt Shalom von Safed, der seit Beginn der 60er Jahre malt. Inzwischen sind seine Bilder auf allen großen Naiven-Ausstellungen der Welt zu sehen: biblische Geschichten vor allem, ornamental gestaltet und von großer Ausdruckskraft.
1933 in Paris geboren, lebt Gabriel Cohen heute ebenfalls in Israel. Seine Malerei hat er in den Dienst der Versöhnung zwischen Juden und Arabern gestellt. So malt er auch die Großen der Politik im Nahen Osten in Situationen, die noch Wunschdenken sind und der Zukunft angehören.

Aus **Japan** sind bei uns vor allem zwei Namen bekannt: Suma Maruki und Kiyoshi Yamashita. Die 1956 verstorbene Suma Maruki war die Frau eines Landarbeiters, die in Hiroshima ihren Mann und ihren Bruder verloren hat. Um ihr Leid zu vergessen, begann sie zu malen: Blumen als Symbole der Hoffnung und der Versöhnung. Kiyoshi Yamashita war Bettler und Landstreicher, Sohn eines Alkoholikers und geistig retardiert. In einem Erziehungsheim hat er das Hari-e, die japanische Collagemalerei, erlernt, die ihm wieder den Weg in die Gesellschaft bahnte. Spontaneität und ein Gefühl für Harmonie und Rhythmus zeichnen seine Bilder aus.

Ein sehr vielfältiges Bild zeigt die naive Malerei auf dem amerikanischen Kontinent. Sie wird angeführt von den Naiven der **USA**. Von der älteren Generation ist Edward Hicks der bedeutendste. Er zählt noch zu den vagabundierenden Limners. Auch William Matthew Prior, Joseph Whiting Stock und Erastus Salisbury Fields zählen zu diesen frühen Porträtisten. Meist boten sie ihre Dienste über Zeitungsannoncen an, wobei dann besonders darauf hingewiesen wurde, daß es auch Preisnachlässe gibt, für Kinderbilder etwa oder für Porträts in Seitenansicht.

Von Thomas Chambers, der um die Mitte des 19. Jahrhunderts in New York lebte, kennt man vierzig bis fünfzig Bilder mit Motiven aus seiner näheren Umgebung. Auch Joseph Pickett zählt zu den naiven Landschaftsmalern jener Zeit, deren anmutige Bilder heute zu den Schätzen der großen Museen gehören. Die zweifellos berühmteste aller amerikanischen Naiven ist eine Frau: Anna Mary Robertson Moses, Grandma Moses genannt. Als die Farmersfrau schon über siebzig Jahre alt war, begann sie zu malen: Landschaften, Träume, heitere Sommerbilder oder Winterszenen, Kindheitserinnerungen. Ihre ersten Bilder bot Grandma Moses zusammen mit selbstgemachter Marmelade bei einem Lebensmittelhändler zum Verkauf an und war erstaunt, daß nicht ihre Marmelade, sondern die Bilder reißenden Absatz fanden.

Eine besondere Gruppe innerhalb der nordamerikanischen Naiven bilden die Emigranten. Ihre Malerei ist zunächst noch von den Einflüssen ihres Heimatlandes geprägt und verarbeitet dann in zunehmendem Maß die Eindrücke aus der Neuen Welt. In Schottland ist John Kane geboren, mit neununddreißig Jahren ist er nach Amerika ausgewandert, hat als Anstreicher gearbeitet und später im Malen seinen Lebensinhalt gefunden. Ladis W. Sabo war gebürtiger Ungar. Der ehemalige Schneidergeselle hat ebenfalls erst nach seiner Einwanderung in die USA zu malen begonnen. Aus der Ukraine stammt William Doriani, ein bekannter Sänger. Er malt bevorzugt fröhliche Menschen, Umzüge, *Abb. S. 143* Paraden, Festlichkeiten. Morris Hirshfield ist 1872 in Rußland geboren. Als 18jähriger kam er nach Amerika und brachte es im Lauf der Jahre zu einer eigenen kleinen Firma. Hirshfield ist vor allem durch seine Aktzeichnungen bekannt geworden, eindrucksvoller sind jedoch seine Katzenbilder.

Für die Gleichberechtigung zwischen Schwarzen und Weißen trat der 1947 *Abb. S. 144* verstorbene Horace Pippin in seinen Bildern ein.

Streeter Blair, Kellner, Musiker und Kaufmann im amerikanischen Westen, malte Städte und Landschaften, Pferdedroschken und Eisenbahnen.

Patrick Sullivan, ein ehemaliger Offizier, hat sich eine geheimnisvolle Bildwelt erschaffen, voller Symbolik und Irrationalität. Er ist der Maler phantastischer Zukunftsvisionen und fremder Planeten.

Die naive Malerei **Mittel- und Südamerikas** schöpft vielfach aus den Quellen ihrer alten Volkskunst. Am deutlichsten kommt das bei den vielen Naiven Brasiliens zum Ausdruck. Ihre Malerei ist stets sehr farbenfroh, emotionsgeladen und für den Betrachter aus dem westlichen Kulturkreis nicht ohne weiteres als naiv zu erkennen. Dennoch seien einige Namen genannt, die auch bei uns in den letzten Jahren bekannt wurden: Crisaldo d'Assuncão, Isabel de Jesus, Heitor dos Prazeres, José Antonio da Silva.

Morris Hirshfield, Katzen und Kätzchen im Gras. 1943. Öl auf Leinwand. 81 x 112 cm. Aus: A. Jakovsky, Peintres naïfs. Basilius-Presse AG, Basel

Horace Pippin, Dominospieler. 1943. Öl. 33 x 56 cm. The Phillips Collection, Washington.
Aus: A Jakovsky, Peintres naïfs. Basilius-Presse AG, Basel

Auch bei den Bildern der Mexikaner Negrete und Posada kommen die Farbenfreudigkeit und der Formenreichtum ihrer aztekischen Vorfahren zum Vorschein. Von José Guadalupe Posada stammen vor allem Graphiken, die Liebesgeschichten erzählen oder auch die Tagespolitik widerspiegeln. Ezequiel Negrete, der 1961 verstorben ist, schuf eindrucksvolle Bilder vom harten Arbeitsleben der Indios.

Honduras ist die Heimat des José Antonio Velasquez. Dort ist er Friseur, Telegraphenarbeiter und Bürgermeister in einer Person. Seine Bilder erzählen vom Leben der Menschen in seinem Dorf, von Volksfesten und hohen kirchlichen Feiertagen.

Asilia Guillen war von Beruf Stickerin. Ihr Heimatort Granada in Nicaragua wurde einst von amerikanischen Truppen in Brand gesteckt. Dieses Ereignis hat Asilia Guillen veranlaßt, das Grauen im Bild festzuhalten. Seitdem malte sie. In Nicaragua lebt auch Adela Varga y Ycaza. Auf sehr eigenwillige Weise stellt sie in leuchtenden Farben Fabeltiere und Pflanzen, Götter und Menschen dar.

Mario Urteaga, 1957 verstorben, lebte in einer Kleinstadt in Peru. Auch seine Malerei, in gedämpften Rot- und Brauntönen gehalten, bezieht viele Impulse aus der Volkskunst seiner Heimat.

Léon Noé, Fischer, Eisenbahner und Polizist aus Kolumbien, gelang in den sechziger Jahren der Durchbruch.

Stark von religiösen Vorstellungen geprägt sind die Bilder des Kubaners Felicindo Iglesias Acevedo. In ihrer frommen Naivität erinnern sie an unsere Votivtafeln. Auf Kuba lebte auch der 1955 verstorbene Rafael Moreno. Seine Bilder und die seines Landsmanns Roberto Jay Matamoros stellen die Pflanzenwelt Kubas in den Mittelpunkt ihres Schaffens.

Wenn schon die Bilder der süd- und mittelamerikanischen Naiven mitunter recht fremdartig anmuten, so weist die naive Malerei Haitis noch mehr Exotik auf. Die Entwicklung der naiven Malerei auf Haiti ist auf die Aktivität des holländischen Sprachlehrers DeWitt Peters zurückzuführen. Er rief in Port-au-Prince 1945 ein Kunstzentrum ins Leben, wo die ersten Ausstellungen naiver Bilder stattfanden: Bilder des Wodu-Priesters Hector Hyppolite und des Kaffeeverkäufers und Dekorationsmalers Philomé Obin. Beide hatten schon gemalt, als DeWitt Peters nach Haiti kam. Um sie scharten sich nun die Jüngeren, der Taxichauffeur Rigaud Benoît, Wilson Bigaud und Jean Enguerrand Gourgue, der Hausdiener Castera Bazile, der Schiffsbauer Préfête Duffaut, der Rechtsanwalt Salnave Philippe-Auguste. Sie alle finden in der geheimnisvollen kultischen Welt die Motive für ihre Kunst. Mythen und Vorstellungen aus ihrer schwarzafrikanischen Vergangenheit mischen sich mit den Elementen der Neuen Welt und lassen so ausdrucksstarke Werke entstehen.

Biographien (außereuropäische Länder)

Abb. S. 143

Morris Hirshfield

Geboren 1872 in Polen; gestorben 1946 in New York

Im Alter von vierzehn Jahren zeigten sich schon künstlerische Neigungen: Hirshfield wagte sich an seine erste Holzschnitzerei, einen Gebetbuchständer für die Synagoge, den Fuß des Ständers bilden zwei riesige Löwen. Löwen und Katzen sollten noch häufig wiederkehrende Motive in Hirshfields Arbeiten werden. Der Achtzehnjährige wanderte nach Amerika aus und mußte sich nach schwerer Krankheit aus dem Geschäftsleben zurückziehen. In dieser Zeit erinnerte er sich wieder seiner früheren Ambitionen. Er kaufte sich die nötigen Utensilien und malte 1937 sein erstes Tierbild. Seine Bilder wurden 1930 in New York zum erstenmal ausgestellt. Er wurde schnell bekannt und malte bald im Auftrag von Galeriebesitzern vorwiegend Aktbilder, meist nach Kunstpostkarten (so lag dem Bild ›Frau im Spiegel‹ beispielsweise ›Adam und Eva‹ von Dürer zugrunde), bis er Otto Kallir, dem Entdecker der Grandma Moses, begegnete, der ihm empfahl, Tierbilder zu malen, wie er sie früher gemalt hatte: fremdartige, orientalisch anmutende Fabeltiere, weiche, flauschige Katzen auf zarten Sammetpfoten in heraldisch-symbolischer Gestaltung.

Anna Mary Robertson Moses

Geboren 1860 in Greenwich/New York (USA); gestorben 1961 in Hoosick Falls/New York

Das Leben der Anna Mary Robertson Moses – der Grandma Moses, wie sie allgemein genannt wurde – war bis zu ihrem 70. Lebensjahr normal und ereignislos verlaufen. 1887 hatte sie geheiratet. Von den zehn Kindern, die sie gebar, starben fünf. Ihr Leben lang mußte sie schwere Feldarbeit verrichten. Als ihr die Arbeit zu mühsam wurde, rieten ihr ihre Töchter, Handarbeiten zu machen. Grandma Moses stickte also kleine Bilder und malte. Sie malte das, was sie in über siebzig Jahren erlebt und gesehen hatte: weil das aber in der Hauptsache ihr Leben auf der Farm Eagle Bridge war, so kehrt dieses Motiv in ihren Bildern immer wieder. Der heute in aller Welt bekannte ›Grandma-Moses-Stil‹ ist eine Mischung aus impressionistischer Landschaftsmalerei und naiver Staffage. Naiv dargestellt sind vor allem die Menschen; Tiere dagegen gelingen ihr sehr realistisch.

Abb. S. 144

Horace Pippin

Geboren 1888 in West Chester/Pennsylvania (USA); gestorben 1947 in West Chester

Im Alter von zehn Jahren hat Horace Pippin bereits begonnen, mit Farbkreide religiöse Bilder zu malen. Fünf Jahre später muß er die Schule verlassen. Er wird Kohlenträger, Laufbursche, Metallgießer und Altwarenhändler. Während des Ersten Weltkriegs kämpft er in Frankreich und wird 1917 so schwer verwundet, daß er für immer ein Krüppel bleibt. Wieder in die Heimat zurückgekehrt, malt er sein erstes Bild: ›Das Ende des Krieges‹. Es entstehen etwa hundert Bilder vom Leben der Farbigen, Landschaften, Stilleben und Bilder mit religiösen Themen.

Shalom von Safed (Shalom Moskovitsch)
Geboren um 1900 in Europa; gestorben 1980 in Galiläa
Ort und Zeitpunkt seiner Geburt sind nicht bekannt. Als Angehöriger der chassidischen Glaubensgemeinschaft darf er über diese Daten keine Angaben machen. Er war in seinem Leben Maurer, Silberschmied und Uhrmacher. Er selbst sagt über seine Bilder: ›Ich male keine Bilder, ich erzähle die Geschichte der Bibel in Linien und Farben. Alles, was ich schaffe, stammt aus den heiligen Büchern.‹

Ausblick

Gefahren der Kommerzialisierung

1951 hat Hans-Friedrich Geist in der Zeitschrift ›Werk‹ vor der Kommerzialisierung der naiven Malerei gewarnt. Bereits zehn Jahre später stellte er dann resigniert fest: ›Was hat unsere Warnung vom Jahre 1951 genützt? Nichts! Der Kunstbetrieb braucht eine neue Mode, um das Interesse des übersättigten Publikums durch eine neue Kunstsicht aufzustacheln. Dagegen sind alle Einwendungen und Warnungen machtlos. Im Grunde handelt es sich bei den mehr und mehr aufkommenden Veranstaltungen um den Tod der naiven Kunst, die in großartigen Vorführungen, begleitet von entsprechenden Festschriften, feierlich beigesetzt wird. Wie bei allen Grablegungen, wird man für fünf bis zehn Jahre Kränze winden, Gedenktage inszenieren, Predigten halten, die Nachkommen zur Besinnung ermahnen – und dann alles, wenn die Zeit gekommen ist, sich selbst überlassen...‹

Integration der Naiven

Soweit die Meinung eines engagierten Kenners aus dem Jahr 1961. Und wie sieht es heute, nach fast weiteren zwanzig Jahren, aus? Eins ist sicher: Eine Grablegung hat nicht stattgefunden. Im Gegenteil: Die Situation hat sich insgesamt konsolidiert, die Naiven haben sich in der Kunstszene, wenn dieser Ausdruck gestattet ist, etabliert und in den Kunstmarkt integriert. Die naive Malerei hat ihr Publikum, auch wenn sich die anfänglichen Wogen der Begeisterung etwas geglättet haben.

Der Kunstmarkt und die Naiven

Wie jeder andere Künstler, muß sich auch der Naive um den Absatz seiner Bilder bemühen und alle Mittel in dieser Richtung ausschöpfen. Natürlich ergeben sich daraus vielerei Gefahren: die Gefahr, daß eine allzustarke Ausrichtung nach dem Markt wesentliche naive Elemente zerstört. Daß Pseudo-Naive zum Zug kommen, deren Naivität aus einer ›konjunkturellen Mischung aus Unschuld und Berechnung‹ (Novotny) besteht. Daß so mancher echte Naive, der sich noch ein ›naives Gemüt‹ und vor allem seine Kreativität bewahrt hat, hilflos den Gesetzen des Kunstmarkts ausgeliefert ist. Daß schließlich – und das ist der Punkt, an dem die Kritik immer wieder besonders stark ansetzt – sich die am Konsum orientierte, also objektbezogene Werbung der naiven Kunst bemächtigt.

Man könnte diese Negativliste noch beliebig verlängern, vor allem auch die Auswüchse anprangern, die sich nicht vermeiden lassen, wenn Kunst Marktware und Spekulationsobjekt wird: So etwa, wenn manche sogenannten Naiven Familienmitglieder zur Produktion einsetzen, um die zahlreichen Kunden schneller befriedigen zu können, und selbst in einer Art Fließbandarbeit immer wieder dieselben Motive fast unverändert auf die Leinwand bringen – gleichsam also manuelle Serigraphien schaffen, bei denen das rein Künstlerische in den Hintergrund tritt. Man kann aber genausogut in dieser Entwicklung das Positive sehen:

Auswüchse

Daß nämlich die strukturelle Krise, in die die naive Malerei durch solche Manipulationen gekommen ist, ein Qualitätsbewußtsein hervorbringt, das eine stete Entwicklung garantiert. Daß nur diejenigen Galerien lebensfähig bleiben, die nicht einem schnellen Gewinn nachjagen, sondern sich mit Überzeugung und Engagement für die naive Malerei einsetzen.

Die strukturelle Krise...

Auch Franz Roh beantwortet die Frage nach dem Fortbestehen der naiven Malerei positiv: ›Naive Malerei bleibt sinnvoll, soweit sie als ein Elementargegensatz zu den tausendfältigen rationalen Reglements fungiert, die den modernen Zivilisationsmenschen umstellen. Diese Kunst aber ist meist nicht sehnsüchtelnd nach rückwärts gewandt und will auch nicht eine Verachtung der gegenwärtigen Kultur ausleben. Sie steht jenseits solcher inhaltlicher Entscheidungen. Sie vermag mit alten Überlieferungen zu spielen (wie etwa bei den Werken Trillhaases), kann aber auch Eiffelturm und Hochbahn in ihre Bilder einbeziehen, wie manche französische Naive es tun. Sie kann jede Art von Vergangenheit und Gegenwart mit kindlichem Instinkt bildhaft machen. Ist ihr doch beides gleich wunderbar und gleich verständlich.‹

und deren Überwindung

Die naive Malerei entwickelte sich in der Vergangenheit immer unabhängig von den gerade vorherrschenden Kunstströmungen. Doch war sie in Zeiten, da sich die aktuelle Kunst weit von jeder Art Realismus entfernte, besonders populär. Ob die verschiedenen realistischen Strömungen unserer Tage der naiven Malerei abträglich sein können, bleibt abzuwarten. In der Mitte der Anschaulichkeit angesiedelt, wird sie aber immer ihren angestammten Platz behalten.

Popularität in der Zukunft

Hinweise für den Sammler

Allgemeine Richtlinien

Es ist ein grundsätzliches Anliegen der Serie, in der dieses Buch erscheint, dem Benutzer präzise Informationen bezüglich der Marktsituation (Preise, Repräsentation der einzelnen Künstler durch bestimmte Galerien, Marktwert ihrer Bilder) zugänglich zu machen. Lange Gespräche mit Galeristen und Künstlern sowie unsere eigene Einschätzung haben uns zu der Überzeugung gebracht, daß ein solches Vorgehen nicht im Interesse des Sammlers liegen kann.

Markt und Preisgefüge

Der Markt für die naive Malerei ist nämlich von einer ganz außerordentlichen Sensibilität, das Preisgefüge ist extrem labil. Obwohl die Materie einen allgemeinen Durchblick erlaubt, haben sich die Verhältnisse noch nicht in einem solchen Maß konsolidiert, daß verbindliche Richtlinien gegeben werden können. Dies hängt mit einer ganzen Reihe verschieden gearteter Faktoren zusammen. So können beispielsweise die Bilder eines noch relativ unbekannten Künstlers zu einem bestimmten Zeitpunkt preisgünstig zu bekommen sein. Doch innerhalb weniger Wochen – der Maler hatte inzwischen eine erfolgreiche Ausstellung oder ist aus irgendeinem anderen Grund in der Öffentlichkeit bekannt geworden – stimmen diese Preise nicht mehr. Zudem ist von Bedeutung, aus welcher Schaffensperiode ein Bild stammt. Bei zeitweilig außerordentlich produktiven Künstlern ist diese Phase für den Experten erkennbar oder bekannt; Bilder aus dieser Zeit werden entsprechend niedriger eingeschätzt. Genauso kann der plötzliche Tod eines Malers den Wert seiner Bilder um ein Mehrfaches steigern.

Hinzu kommt, daß die Auflösung der großen privaten Sammlungen noch nicht begonnen hat oder mit dem Aussterben der jetzigen Sammlergeneration nunmehr zögernd beginnt. Eine dieser Sammlungen, die von Anatole Jakovsky, wird übrigens ab 1980 oder 1981 im Schloß Helene in Nizza untergebracht sein und so der Öffentlichkeit zugänglich gemacht werden. Eine weitere Sammlung wurde in den letzten Monaten aufgelöst und wird nun zum Kauf angeboten. Es handelt sich durchweg um Bilder, die längst Museumsreife besitzen. Auch Bilder des Italieners Metelli, der Grandma Moses und der nun schon zu ›deutschen Klassikern‹ Gewordenen Thegen, Raffler und Wittlich sind in ausreichenden Mengen auf dem Markt.

Doch erst wenn die Mehrzahl aller Sammlungen zum Verkauf kommt, kann man besonders hinsichtlich der älteren Naiven eine Preisstabilität erwarten. Da demnach im Augenblick die Marktsättigung als allgemeines Regulativ fehlt, kann nur von einem ›vorläufigen Markt‹ gesprochen werden. Naturgemäß wird auch die generelle wirtschaftliche Entwicklung in der Zukunft Einfluß auf die Marktsituation nehmen.

Die Möglichkeiten einer endgültigen Bewertung der naiven Malerei werden also vermutlich in den nächsten Jahren noch besser werden. Wenn mehr wertvolle Bilder in den Kunsthandel kommen und dadurch Vergleichsmöglichkeiten zu schon Vorhandenem schaffen, ist ein besserer Überblick über wirklich qualitätvolle Bilder gegeben.

Entwicklungen der letzten Jahre

Das Geschäft mit der naiven Malerei hat zu Beginn der siebziger Jahre einen absoluten Höhepunkt erreicht. Viele malten naiv und hatten auch die Chance, bekannt zu werden. Einige Jahre später setzte eine gewisse Zurückhaltung der Käufer ein. Man war verunsichert durch allzu viele Namen, die Kaufbereitschaft des Publikums entwickelte sich regressiv. Diese Verwirrung scheint nun überwunden. Das Interesse wendet sich jenen Künstlern zu, die sich inzwischen ihren Platz gesichert haben.

Gehandelt wird heute mehr denn je mit großen Namen. Von den malenden Hausfrauen der vergangenen Jahre konnten sich nur wenige durchsetzen. Wie überall, so hat auch hier der Faktor Zeit dazu beigetragen, die Spreu vom Weizen zu trennen.

Bei den jugoslawischen Naiven ist ebenfalls ein Wandel eingetreten; von den allzu vielen Namen, die lange Zeit die Szene beherrschten, haben sich nur wenige durchsetzen können, Epigonen haben kaum noch eine Chance.

Museen und Ausstellungen

Wie nun soll der Sammler vorgehen, wenn er sich der naiven Malerei zuwenden will? Zunächst wird er Museen und Ausstellungen besuchen, die von den führenden Galerien und von verschiedenen Kulturinstitutionen regelmäßig organisiert werden. Er wird seinen Blick schulen und schärfen müssen, um den mühsamen Weg zu einem eigenen Urteil zu finden. Er wird auch versuchen, die Entwicklung des Malers genau zu beobachten, dessen Bilder ihm am besten gefallen. In jedem Fall ist aber ein guter Kontakt zu einer seriösen Galerie empfehlenswert. Dort besteht auch die Gewähr, daß der Sammler vor Fälschungen geschützt ist.

Fälschungen

Fälschungen gab es bis vor kurzem ausschließlich bei Rousseau-Bildern. Seit einiger Zeit sind jedoch auch gefälschte Bombois-Werke, falsche Nikifors und vor allem falsche Jugoslawen – Ivan Generalić und Emerik Feješ, Lacković und Gaži, Ilija Bosilj, Mirko Virius und Skurjeni – auf dem Markt. Renommierte Galerien verpflichten sich, Fälschungen anstandslos zurückzunehmen und dem Käufer gegebenenfalls die Kosten zu ersetzen.

Literaturverzeichnis

Bücher

Bach, S.: Spontanes Malen schwerkranker Kinder. Documenta Geigy – Acta psychosomatica Nr. 8, Basel 1966

Bader, A.: Geisteskranker oder Künstler? Der Fall Friedrich Schröder-Sonnenstern. Bern 1972

Bader, A.: Wunderwelt des Wahns. Unter Mitarbeit von J. Cocteau, G. Schmidt, H. Steck. Köln 1961

Bader, A. u. Navratil, L.: Zwischen Wahn und Wirklichkeit. Luzern u. Frankfurt/M. 1976

Baer, F.: Votivtafel-Geschichten. Rosenheim 1976

Bihalji-Merin, O.: Das naive Bild der Welt. Köln 1959. Taschenbuchausgabe 1975

Bihalji-Merin, O.: Die naive Malerei. Köln 1959

Bihalji-Merin, O.: Les Peintres naïfs. Paris 1960

Bihalji-Merin, O.: Naive Malerei in Jugoslawien. München 1963

Bihalji-Merin, O.: Die Naiven der Welt. Stuttgart 1971

Bouret, J.: Henri Rousseau. München 1963

Buccarelli, P.: Orneore Metelli. Rom 1964

Buck, H.: Adolf Dietrich als Zeichner. Zürich – Stuttgart 1964

Ehlers, A., Jasmand, B., Kallir, O.: Sonntagsmaler. Berlin 1956

Engels, M.: Naive Malerei. Hamburg 1977

Gorsen, P.: Friedrich Schröder-Sonnenstern. Eine Interpretation. Frankfurt 1962

Grochowiak, T.: Neun deutsche Naive. Recklinghausen 1972

Grochowiak, T.: Deutsche naive Kunst. Recklinghausen 1976

Haddelsey, V.: Pferde in der englischen Tradition. Teufen 1971

Haftmann, W.: Malerei im 20. Jahrhundert. 4. Aufl. München 1965

Haftmann, W.: Skizzenbuch der Gegenwart. O.J.

Hanhart, R.: Appenzeller Bauernmalerei. Appenzell Peasant Art. Vorwort: C. Bernoulli. Teufen 1959

Hansmann, C.: Kunterbunter Bauernhimmel. München 1961
Helwig, W.: Die Geheimnisse eines Zöllners. Henri Rousseau. Gütersloh 1962
Hoenn, K.: Adolf Dietrich. Leipzig 1942
Hubmann, H.: Garten der Träume. München 1973
Insania pingens. Mit Beiträgen von J. Cocteau, G. Schmidt, H. Steck, A. Bader. Basel 1961
Italiaander, R.: Spaß an der Freud. Hamburg 1974
Jakovsky, A.: La Peinture naive. Paris 1949
Jakovsky, A.: Les Peintres naïfs. Paris 1956
Jakovsky, A.: Die naive Malerei in Frankreich. Zürich 1957
Jakovsky, A.: Dämonen und Wunder. Köln 1963
Jakovsky, A.: Eros du Dimanche. Paris 1964
Jakovsky, A.: Peintres naïfs. Basel 1967
Jakovsky, A. u.a.: Josip Generalić. Zagreb 1971
Jakovsky, A.: Naive Malerei. Freiburg – Basel – Wien 1976
Janis, S.: They taught themselves. New York 1942
Kelemen, B.: Naive Kunst in Jugoslawien. Zagreb 1969
Kerschensteiner, G.: Die Entwicklung der zeichnerischen Begabung. München 1905
Kriss-Rettenbeck, L.: Ex voto. Zürich 1972
Krug, E.: Überall ist Wunderland. Wien 1971
Lipman, J.: American primitive painting. New York 1942
Lipman, J.: Primitive painters in America. New York 1950
Malraux, A.: Stimmen der Stille. Baden-Baden 1956
Morice, C.: Paul Gauguin. Paris 1919
Müller, H.-J.: Kunst kommt nicht von Können. Nürnberg – Stuttgart 1976
Navratil, L.: Schizophrenie und Kunst. München 1965
Niggli, I.: Naive Kunst gestern und heute. Stuttgart/Niederteufen 1976
Novotny, F.: Naive Kunst. Ein Reisebericht zu 54 Malern in 9 Ländern Europas. Wien – München – Zürich – Innsbruck 1977
Perruchot, H.: Le Douanier Rousseau. Paris 1957
Pohribný, A. und Tkáč, S.: Die naive Kunst in der Tschechoslowakei. Prag 1957
Prinzhorn, H.: Bildnerei der Geisteskranken. Ein Beitrag zur Psychologie und Psychopathologie der Gestaltung. Berlin 1922. Neudruck 1968
Rewald, J.: Von van Gogh bis Gauguin. Köln 1967
Roh, J.: Adalbert Trillhaase. Recklinghausen 1968
Roh, J.: Ich hab wunderbare Hilf erlangt. München 1957
Roth, T.: Max Raffler. Der Bauer und Maler vom Ammersee. München 1969
Schmidt, L.: Hinterglas. Salzburg 1972

Schröder-Sonnenstern, F.: Mondgeistfahrt. München 1974
Theopold, W.: Votivmalerei und Medizin. München 1978
Tomašević, N.: Jugoslawische Naive. Künstler über sich selbst. Königstein 1973
Tomašević, N.: Tisnikar. Königstein 1978
Uhde, W.: Fünf primitive Meister. Zürich 1947
Uhde, W.: Cinq Maîtres primitifs. Paris 1949
Wirth, G.: Deutsche Sonntagsmaler. Am Beispiel einer Ausstellung. Karlsruhe 1978
Zuck, R.: Naive Malerei. München – Wien 1974

Kataloge

Les Maîtres populaires de la Réalité. Salle royale, Paris 1937. Vorwort von E. Eschollier u. M. Gauthier
Les Maîtres populaires de la Réalité. Kunsthaus Zürich 1937. Vorwort von W. Wartmann
Masters of popular painting. The Museum of Modern Art, New York 1938. Vorwort von E. Barr u. a.
Amerikanische Malerei. Luzern 1954
Les Primitifs yougoslaves. Dubrovnik 1956. Vorwort von M. Bašičević
La Peinture naive du Douanier Rousseau à nos Jours. Knokke-le-Zoute 1958. Vorwort von A. Jakovsky u. S. Janis
Laienmaler. Gewerbemuseum Basel 1961. Vorwort von R. Wildhaber u. A. Hernandez
Das naive Bild der Welt. Staatliche Kunsthalle Baden-Baden 1961. Vorwort von D. Mahlow u. a.
De Lusthof der Naïven. Museum Boymans-van Beuningen, Rotterdam 1964. Vorwort von J. Cassou u. a.
Die Welt der naiven Malerei. Salzburger Residenzgalerie 1964. Text von H. Fetscherin
Naive Kunst. Bali – Jugoslawien – Ruhrgebiet. Darmstadt 1964
1. Triennale der insiten Kunst. Slovenská Národná Galéria Bratislava 1966
Naive Kunst in Polen. Stuttgart 1968
Naive Malerei aus Jugoslawien. Kunsthalle Mannheim 1969. Vorwort von E. Winterberg
2. Triennale der insiten Kunst. Slovenská Národná Galéria Bratislava 1969
I Naifs. Lugano 1969
Naivni '70. Zagreb 1970
Querschnitt. Naive Malerei gestern – heute – morgen. Sammlung Holzinger München 1971

Werke und Werkstatt naiver Kunst. Städtische Kunsthalle Recklinghausen 1971

Incontro con i pittori primitivi. Prato 1971

3. Triennale der insiten Kunst. Slovenská Národná Galéria Bratislava 1972

Naive Kunst im Clemens-Sels-Museum. Neuss 1972

I Naifs II. Lugano 1973

II. Incontro con i primitivi. Padua 1973

Naive Kunst. Sammlung Novotny. Darmstadt 1974

Die Kunst der Naiven. Haus der Kunst, München 1974

Naive Malerei. 27 Künstler aus der Bundesrepublik Deutschland. Institut für Auslandsbeziehungen, Stuttgart 1974

Die wichtigsten Museen und Sammlungen naiver Malerei

In der Bundesrepublik Deutschland

Böblingen Sammlung Eisenmann

Eberbach/Neckar: Sammlung Hassbecker

Hamburg: Altonaer Museum in Hamburg/Norddeutsches Landesmuseum
Museum Rade im Naturpark Oberalster/Sammlung Rolf Italiaander

München: Sammlung Holzinger

Neuss: Clemens-Sels-Museum

Offenbach: Sammlung Novotny

Recklinghausen: Vestisches Museum in der Städtischen Kunsthalle

In anderen Ländern

Amsterdam: Albert-Dorne-Stiftung

Bratislava: Slovenská Národná Galéria

Hlebine: Galerie Hlebine

Kovačica: Galerie Kovačica

Laval: Museum Henri Rousseau

Paris: Musée d'art Naïf de l'Ile de France

Reggio Emilia: Istituto della Communità (Gruppo Naif)

Svetozarevo: Galerie für naive Kunst

Zagreb: Galerija primitivne umjetnosti

Folgende Museen besitzen ebenfalls reiche Bestände an naiven Bildwerken

Amsterdam: Stedelijk-Museum

Basel: Gewerbemuseum

Basel: Kunstmuseum

Basel: Museum für Völkerkunde und Schweizerisches Museum für Volkskunde

Berlin: Museum für deutsche Volkskunde

Bern: Kunstmuseum

Brüssel: Musée Royaux des Beaux-Arts de Belgique

Budapest: Ungarische Nationalgalerie

Bukarest: Centre de création populaire
Darmstadt: Kunsthaus
Dortmund: Museum am Ostwall
Essen: Museum Folkwang
Frankfurt/Main: Städtische Galerie
Frauenfeld: Kunstsammlung des Kantons Thurgau
Haarlem: Frans-Hals-Museum
Hamburg: Kunsthalle
Linz: Wolfgang-Gurlitt-Museum
Luzern: Kunstmuseum
München: Bayerisches Nationalmuseum
Newark: Newark Museum
New York: Galerie St. Etienne
New York: Sidney Janis Gallery
Paris: Musée des Arts decoratifs
Prag: Nationalgalerie
Rotterdam: Museum Boymans-van Beuningen
Saint-Paul de Vence: Musée Municipal
St. Gallen: Kunstmuseum
Stockholm: Musée Nationale d'Art Moderne
Utrecht: Central Museum
Warschau: Ethnographisches Museum
Winterthur: Kunstmuseum
Zürich: Kunsthaus

Namensregister

(kursive Ziffern: Abbildungen, halbfette Ziffern: Biographien)